Educación inclusiva

¿El sueño de una noche de verano?

Gerardo Echeita Sarrionandia

Educación inclusiva

¿El sueño de una noche de verano?

Con la colaboración poética de
Gemma Serrano

Octaedro ◆ Educación

COLECCIÓN: Octaedro Educación

TÍTULO: *Educación inclusiva. ¿El sueño de una noche de verano?*

Primera edición (en Ediciones Octaedro): julio de 2019

Primera edición (revisada y ampliada) en esta colección: marzo de 2024

© Gerardo Echeita Sarrionandia

© de los poemas, Gemma Serrano Rodríguez

© de esta edición:
Ediciones OCTAEDRO, S.L.
C. Bailén, 5 – 08010 Barcelona
Tel.: 93 246 40 02
octaedro@octaedro.com
www.octaedro.com

ISBN: 978-84-10054-83-7
Depósito legal: B 5271-2024

Diseño de la cubierta: Tomàs Capdevila
Corrección: Xavier Torras
Realización y producción: Editorial Octaedro

Impresión: Ulzama

Impreso sobre papel ecológico, certificado FSC

Impreso en España – *Printed in Spain*

Aférrate a tus sueños,
pues si mueren
la vida es un ave con las alas rotas
que no se puede elevar.
Aférrate a tus sueños,
pues cuando se van
la vida es un campo muerto
congelado por la nieve.

LANGSTON HUGHES, Sueños

Dedicado a mi familia extensa, que incluye a los míos y a los amigos y amigas que me han acompañado, animado y consolado en este particular viaje que llamamos *vida*.

Oberón

OBERÓN:
Tráeme esa flor: una vez te la enseñé.
Si se aplica su jugo sobre párpados dormidos
el hombre o la mujer se enamorarán locamente
del primer ser vivo al que se encuentren.
Tráeme esa flor y vuelve aquí
antes que el leviatán nade una legua.

ROBÍN:
Pondré un cinto a la tierra en cuarenta minutos.

W. SHAKESPEARE, *El sueño de una noche de verano*

Tráeme, Robín, esa flor
y aplícale el jugo a todo el que nos mire.
Que nos amen porque no sabemos dibujar *El balandrito*,
que nos amen porque nos salimos de las rayas,
que nos amen, sin reservas, por no controlar los esfínteres,
que nos amen con andadores y con prótesis,
que nos adoren cuando al abrir los ojos
se encuentren las sillas de ruedas, los bastones o las miradas
ausentes.

Que se enamoren de nuestras siglas:
que apasione el TGD, el TEA, el TDAH y los ACNEE.
Que nos amen los tres años, los siete, los quince, los que vengan,
los cuarenta de las madres y los padres desamados.

Tráeme, Robin, esa flor,
y aplícale el jugo a la liga de equipos directivos,
a los que solo saben de esquinas. Y esos...
que nos amen.
Humedece los ojos capitales de la DAT,
y en cualquiera de sus cuatro puntos cardinales
que rabie de amor con solo imaginarnos.
Dale a la inspección, colmada de certezas y de dudas,
el zumo de la flor. Y esa...
que nos ame mucho más y hasta de oídas.

A los vecinos,
a los niños que juegan muy bien al fútbol,
a los que tienen más novios,
a los que hacen más amigos
a los que apuestan al euromillón...
pasa por sus párpados tus dedos
y moja sus ojos dormidos.

Robín, esta vez sin travesuras:
que el sueño de una noche de verano
nos llegue en cada invierno.

GEMMA SERRANO RODRÍGUEZ

Introducción

«De bien nacidos es ser agradecidos». Muchas gracias al equipo editorial de Octaedro por darme la doble oportunidad de realizar este libro y ahora de revisarlo y actualizarlo para esta segunda edición. Siempre es más que deseable tener el privilegio de reflexionar sobre lo que uno hace, en esta ocasión sobre los contenidos y propuestas que han dado *sentido* a mi carrera profesional en los últimos treinta años, al menos. Desde ese punto de vista, he tomado este libro como una oportunidad para poner en orden mis pensamientos y algunas emociones alrededor de esta cuestión que hemos dado en llamar *educación inclusiva.* Y, al hacerlo en solitario, me he permitido realizarlo, en primer lugar, recurriendo a elementos narrativos que me gustan mucho y que, de una u otra forma, casi siempre han aparecido en bastantes de mis trabajos previos: me refiero a las metáforas, las analogías y, en ocasiones, los refranes. En este texto utilizaré, sobre todo, dos grandes analogías: la del *sueño* y la del *viaje.*

El *sueño,* por aquello de que esta empresa conecta con esa cualidad tan humana de *soñar mundos posibles,* muy lejos, todavía, del que vivimos. Y, sin duda alguna, todavía estamos muy lejos (ciertamente en unos países y en bastantes centros educativos más que otros) de una *Escuela* (en mayúscula y en sentido amplio del término, desde la Educación Infantil hasta la Universidad) que esté dando una respuesta equitativa, justa, al derecho de estar juntos, participar, sentirse reconocido y aprender de *todo* su alumnado, sin eufemismos respecto a ese *todos*. Pero los sueños son muy necesarios para movilizarnos, para mantenernos en el proceso de transformación indispensable para aproximarnos a ellos y también para recompensarnos intrínsecamente por intentarlo, por más que no lleguemos a verlos hecho realidad.

La segunda analogía, la de los *viajes*, tiene su razón de ser en que eso es lo que uno hace cuando persigue un sueño. Fijar un horizonte, prepararse lo mejor posible e iniciar el camino. De hecho, esta es una de las características que mejor define la naturaleza de la educación inclusiva: su carácter procesual, el ser una *historia interminable,* pero no por ello menos fascinante. Y, aunque no soy hombre de tierras marineras (salvo por lo que mis genes guarden al respecto de mis progenitores vascos), creo que la metáfora romántica del viaje por mar (¡en velero, claro está!) tiene un poder evocador al que no he sabido resistirme. El viento que mueve las velas, la cartografía y los instrumentos básicos de navegación, las turbulencias y los peligros que la mar encierra, etc., todos estos elementos me servirán para referirme de modo específico a otros tantos aspectos centrales en el proceso que deben emprender los centros escolares para progresar en el camino hacia *una educación más inclusiva.*

En este sentido, la primera parte del libro está organizada alrededor del viaje y empieza, en el primer capítulo, compartiendo el significado que muchos atribuimos a la *meta* perseguida de *una educación más inclusiva.* Preste atención el lector a que, ya desde la Introducción, hablaré casi siempre de una *educación más inclusiva,* pues desde hace tiempo me guía la reflexión de lo que un día dijera Edgar Morin (2010): «La esperanza sabe que no es certeza. No es esperanza en el mejor de los mundos, sino en un mundo mejor».[1] Como he dicho al principio, no creo, sinceramente, que lleguemos a ver «el mejor de los mundos» (¡una auténtica,

---

1. Edgar Morin. Elogio de la metamorfosis. *El País*. 17 de enero de 2010.

profunda y generalizada educación inclusiva por doquier!), pero sí podemos hacer mucho para ver «un mundo mejor» del que ahora tenemos en materia de equidad e inclusión educativa. Espero que esta actitud no sea coartada ni para el cinismo ni par la complacencia con relación a lo que ya hemos conseguido. Lo digo porque, durante el último medio siglo, casi todos los países han experimentado más que un notable progreso y han conseguido que sus sistemas educativos sean más inclusivos de lo que eran anteriormente; sin ir más lejos, por ejemplo, en lo que respecta a la escolarización de las niñas. Pero, como se decía hasta no hace mucho a bastantes alumnos cuando se hablaba de su progreso, «todavía necesitan mejorar», tanto globalmente como en lo tocante a algunos grupos de estudiantes singularmente vulnerables.

Para mí, esa *meta* sigue teniendo un referente muy importante y simbólico en la llamada Declaración de Salamanca y su Marco de Acción, producto de la Conferencia Mundial promovida por la Unesco y auspiciada y apoyada por el Gobierno de España en 1994, titulada «Necesidades Educativas Especiales: acceso y calidad». Cuando esta segunda edición del libro vea la luz, estaremos recordando el trigésimo aniversario de su celebración y reconociendo que hoy sigue indicándonos el rumbo que seguir, ligado a la necesidad de una reforma sistémica y profunda de nuestros actuales sistemas educativos bajo la premisa de su principio rector:

> El principio rector de este Marco de Acción es que las escuelas deben acoger a todos los niños y niñas,[2] independientemente de sus condiciones físicas, intelectuales, sociales, emocionales, lingüísticas u otras. Deben acoger a niños y niñas con discapacidad, y a niños bien dotados, a niños que viven en la calle y que trabajan, a niños y niñas de poblaciones remotas o nómadas,

---

2. Me he permitido modificar ligeramente el texto para que se adecue a un lenguaje más inclusivo y por aquello de predicar con el ejemplo.

niños de minorías lingüísticas étnicas o culturales y niños y niñas de otros grupos o zonas desfavorecidos o marginados... Las escuelas tienen que encontrar la manera de educar con éxito a todos los niños, incluidos aquellos con discapacidades graves. (Unesco, 1994, p. 6)

Aun así, con ser muy valiosas y pertinentes las orientaciones generadas en dicha Conferencia y plasmadas en sus documentos, es cierto que en los últimos treinta años ha crecido, de modo casi exponencial, el número de investigaciones y publicaciones derivadas relativas a esta temática, todas ellas con un alto valor para guiarnos y acompañarnos en este proceso.[3] Por ello, ahora estamos en una mucho mejor situación que hace tres décadas para compartir un marco de referencia más completo y sólido sobre lo *que es* y lo *que no es* la educación inclusiva; esto es, sobre sus principales dimensiones, sobre las principales tareas que conlleva implementarla y sobre su intrínseca naturaleza. Estos análisis los encontrarán en el capítulo segundo a modo de *carta de navegación*.

Entre las publicaciones que han venido a enriquecer y concretar mucho de lo apuntado en la Declaración de Salamanca y su Marco de Acción hay varias *guías* para esta travesía de indudable valor y utilidad para emprender el viaje con cierta seguridad. En el capítulo tercero revisaré con cierto detalle una de ellas, que conozco bien, porque he contribuido a su amplia difusión (junto con otras *buenas gentes*) en los países de habla hispana y que considero de gran utilidad por los motivos que expondré en su momento. Me refiero a la *Guía para la Educación Inclusiva*, cuyos autores, los profesores

---

3. Véase, por ejemplo, la recopilación de evidencias y orientaciones derivadas de una revisión sistemática sobre investigaciones realizadas en España entre 2015 y 2020, y publicada por el Centro de Investigación y Documentación Educativa (CEDID) (Márquez y Sánchez, 2023), *Estudio sobre la transformación de las escuelas en espacios accesibles e inclusivos.* https://www.cedid.es/es/documentacion/catalogo/Record/586656

Tony Booth y Mel Ainscow, son una referencia internacional de primer orden en la materia. Como he dicho, se trata de una guía entre otras muchas disponibles, junto con otras estrategias igualmente importantes y, además, muy al alcance de los docentes. Estas segundas son las que se vinculan a la voluntad de escuchar la *voz del alumnado* sobre cómo hacer más inclusivas las aulas y los centros que las integran en una comunidad educativa.

No obstante, para que los viajes tengan éxito, es importante no solo tener claro hacia dónde se va, así como una buena cartografía y guías para el camino, sino también cuidar e implementar algunas *condiciones internas de los centros* para no zozobrar a las primeras de cambio. Algunas de esas condiciones escolares (que, por extensión, deberían ser las condiciones que promovieran y facilitasen las Administraciones educativas competentes), las revisaré en el capítulo cuarto. Estas mismas son, por otra parte, la mejor garantía para hacer frente a las seguras *turbulencias* que aparecerán en algún momento del camino y a los *lestrigones* (resistencias, miedos, inseguridades) que estarán esperando agazapados para hacernos desistir de la empresa. A unas y a otros me referiré en el capítulo quinto con intención de que no pillen distraídos a los navegantes ilusionados.

La segunda parte, más breve, me llevará, en primer lugar, a poner las necesarias gotas de realismo crítico en un proceso que, en no pocas ocasiones y países, parece más estancado que dinámico. Ello se traduce en la persistencia de altos niveles de exclusión educativa en alguna de sus múltiples caras o facetas: la segregación en centros especiales o con una alta concentración de alumnado vulnerable;[4] la marginación o menosprecio de no pocos durante su escolarización obligatoria en centros ordinarios, sin ninguna razón que lo justifique, o el abandono escolar temprano de tantos

---

4. Véase el caso, por ejemplo, del alumnado gitano en España: https://www.gitanos.org/estudios/la_situacion_educativa_del_alumnado_gitano_en_espana.html.es

al concluir la educación obligatoria, con o sin la titulación de graduado. Situaciones todas ellas que se acompañan de múltiples episodios de frustración y desasosiego de aquellos alumnos y alumnas, y de sus familias, que habían confiado en que las hermosas palabras y sueños declarados se harían realidad para ellos. Así pues, denunciar la exclusión, como haré en el capítulo sexto, es no solamente un acto de rebeldía y rabia, sino una palanca necesaria, aunque no suficiente, para mejorar la inclusión, pues ambos, la exclusión y la inclusión, son procesos dialécticos. La idea de *sueño* evoca ahora la conciencia de algo no cumplido y la melancolía del desencanto, y que ahora, con el tiempo y los acontecimientos apuntados en el epílogo que he incorporado a esta edición, veo que se acrecienta, razón por la cual he añadido los interrogantes al subtítulo del libro como símbolo de esta preocupación.

Pero no sería mi estilo terminar el libro dejando al lector con el amargo sabor de la tribulación y la frustración. Mi carácter soñador me llevará a resaltar en el último capítulo el esperanzador mensaje de que son posibles los cambios que nos hacen progresar hacia ese horizonte, siempre movible, que llamamos *educación inclusiva*, si bien habremos de manejar mucho mejor las palancas necesarias para movilizarlo. Creo que nos llena de esperanza saber que muchos centros escolares, con toda su comunidad educativa, ya han sido capaces de salir del puerto del *statu quo* vigente y hallar enorme satisfacción personal y profesional, no tanto en el hecho de haber llegado al destino como en el propio viaje, como nos dijera Kavafis en su hermoso poema «El viaje a Ítaca». Si no lo has leído, te animo a buscarlo en la Web. Veremos, aunque sea fugazmente, cómo es nuestra Ítaca particular, qué piensan y sienten los docentes, y qué hacen y cómo son los centros escolares y las aulas inclusivas que tanto nos gustaría ver por doquier.

La principal característica de estilo de este texto tiene que ver con el hecho de haberlo escrito tratando de que se asemeje (con infinita modestia), en algunos momentos, al formato que utilizara con brillantez Daniel Pennac en sus obras *Como una novela* (1993) y *Mal de Escuela* (2009). Esto es, procurando utilizar un estilo más narrativo que académico, aprovechando esa enorme capacidad de los humanos para creer y disfrutar (¡y aprender!) de los relatos. En consecuencia, prescindiré al máximo de las citas y referencias al uso en los trabajos más académicos y al estilo impersonal que se ha impuesto en ese tipo de textos. Este estilo me permitirá, ¡eso espero!, ser más ligero, por más que es posible también que, en ocasiones, resulte más impreciso. Con todo y con eso, espero que nadie entienda que todo lo que digo es solo de mi propia cosecha o que no referencio adecuadamente las fuentes que me han ayudado a pensar y decir lo que ahora pienso. Afortunadamente, hoy en día la Web y los buscadores de información, sean generales o específicos (como Dialnet), permiten acceder a la mayoría de los trabajos que he publicado hasta la fecha y en los cuales, ahí sí, pueden encontrarse las referencias y fuentes de mis modestos saberes.

En todo caso, sobre lo que sí quiero dejar constancia es sobre el hecho de que muchas de las ideas que compartiré con el lector en este libro se han forjado en la interacción, el diálogo y la discusión franca con muchas *buenas gentes* (de esas de las que nos hablaba Bertolt Brecht en su *Canción*), con muchos y muchas colegas, con docentes y familias, en muchos lugares del mundo. ¡Qué afortunado he sido en este sentido! Pero ahora no puedo dejar de mencionar, específicamente, a mis queridas compañeras de la Universidad Autónoma de Madrid, Cecilia Simón y Marta Sandoval, con quienes vengo compartiendo esta tarea de pensar cómo sería un sistema educativo, una Escuela y un aula inclusivos. Mucho de lo que digo también les pertenece, a pesar de que ahora me haya tomado la licencia, con su permiso, de poner nuestras ideas en primera persona.

Finalmente, quiero agradecer muy sinceramente la generosa colaboración poética de Gemma Serrano Rodríguez; amiga, poeta[5] y profesora en un instituto de Educación Secundaria, alguien que, por todo eso y por otros motivos que ambos compartimos, sabe muy bien de qué hablo y con qué sueño. Creo que sus poemas son un extraordinario contrapunto a mis reflexiones más académicas y una vía privilegiada para conectar directamente con algunas de las emociones que nos deben acompañar en este viaje personal y profesional.

5. Véase: *Cisne en prácticas* (https://www.casadellibro.com/libro-cisne-en-practicas/9788494719837/5932037) y *Escombros. Casa Museo* (https://www.agapea.com/libros/Escombros-casa-museo-9788412044560-i.htm).

Parte I
EL VIAJE HACIA EL SUEÑO

Niño en patio sin niños

Los patios del colegio de algunos niños
no tienen niños
en el patio.
Niñas y niños corren invisibles
en los ojos de un niño que camina
por el patio.

Pero el patio del niño
está lleno de palos,
de bolsas vacías de gusanitos,
de bolas pequeñas de papel de plata,
y de huertos con lechugas y fresas.

Por eso el niño del patio
sin niños
recoge de la mano de su madre
palos pequeños, bolas plateadas
y puede que el rabito de una fresa.

Los dos después en casa,
lejos de la ausencia infantil,
fabrican los mapas de patios habitados
por trocitos de lana, por palillos
de piruleta y patio.

Así, con pegamento en cartulina,
mira el mundo. Y el patio
a la carpeta, que se seque.

GEMMA SERRANO RODRÍGUEZ

Capítulo 1
«No hay viento bueno para el navegante que no sabe a dónde va»

La meta de una educación más inclusiva:
de Salamanca a Incheon y más allá...

Desafíos a la vista

La sociedad contemporánea está inmersa en un flujo turbulento de influencias, cambios y demandas y, en medio de ese vórtice, la Escuela (desde la Educación Infantil a la Universidad) y el sistema educativo que la envuelve, se ven sujetas a un torbellino de tensiones para las cuales una y otro están, por lo general, mal preparados y predispuestos. Hay tres de esos grandes desafíos que configuran, a mi entender, este turbulento mundo y que no puedo dejar de señalar. No son los únicos, pero cada día que pasa son más relevantes. El primer y mayor desafío al que se enfrenta hoy en día nuestra civilización es la *sostenibilidad de nuestro planeta*. En efecto, investigadores y organizaciones internacionales, como el Grupo Intergubernamental de Expertos sobre el Cambio Climático (IPCC), nos advierten de que estamos ya en una senda hacia un colapso medioambiental inevitable, de resultados impredecibles. En este sentido, y a pesar de que pueda parecer un tanto extraño, la principal barrera para una educación más inclusiva es la que viene definida por nuestros modos de vivir actual, pues si estos modos se prolongan sin control y vuelven insostenible nuestro planeta, el debate sobre la inclusión dejará de tener sentido, ya que no habrá un mundo en el cual poder vivir y participar con equidad. También podríamos decirlo de otro modo. Es condición *sine qua non* para la inclusión (si bien no suficiente) educar, sobre todo, a las futuras generaciones (aunque también, por supuesto, a las que ahora ya somos adultos), para que el desarrollo de su modo de vida (¡no como es ahora el nuestro!) les permita «satisfacer las necesidades del presente, sin comprometer la capacidad de las generaciones futuras para satisfacer sus propias necesidades»:[6]

> El interrogante de si la civilización puede seguir por la misma senda sin mirar sus posibilidades de bienestar futuro es la cuestión de fondo del dilema medioambiental del mundo actual. Tras las fracasadas cumbres internacionales ambientales y sobre el clima, con unos gobiernos nacionales que no adoptan medidas acordes al riesgo de un cambio ambiental catastrófico, ¿existen todavía vías que permitan a la humanidad modificar las conductas actuales para hacerlas más sostenibles? ¿Es aún posible la sostenibilidad? Si la humanidad no logra alcanzar la sostenibilidad, ¿cuándo y cómo terminarán las tendencias insostenibles? ¿Y cómo viviremos esos finales y después de ellos? Independientemente de los términos utilizados es preciso que formulemos estas duras preguntas. De no hacerlo, nos arriesgamos a la autodestrucción. (Engelman, 2013, pp. 28-29)

El segundo desafío es el que está llegando de la mano de las tecnologías digitales de la información y la comunicación, y, en particular, de la inteligencia artificial, o IA (con sus algoritmos aplicados a la genética, la salud, a la industria

---

6. CMMAD, 1987, citado por Engelman, R. (2013). Más allá de la sostenibilidad. En: Assadourian, E. y Prugh, T. *¿Es aún posible lograr la sostenibilidad? La situación del mundo 2013.* Informe anual del Worldwatch Institute sobre la Sostenibilidad. FUHEM Ecosocial/Icaria.

y, por supuesto, también a la educación escolar,[7] entre otros muchos ámbitos). Nunca antes un desarrollo tecnológico había suscitado al mismo tiempo y casi con igual intensidad esperanza por sus evidentes beneficios y temor a que su incontrolado progreso (lejos de la ética) traiga implícito un futuro distópico.

Lo cierto es que, en lo tocante al papel de las tecnologías digitales de la información y la comunicación en la educación, los avances que observamos están creando ya una *nueva ecología del aprendizaje*, como la ha denominado con gran acierto el profesor César Coll; esto es, un nuevo contexto que está llamado a trastocar las formas de enseñar y aprender, no solo dentro de la Escuela, sino también fuera de ella. Esta nueva *ecología del aprendizaje* tiene la capacidad potencial de crear un nuevo espacio para la colaboración y fortalecimiento mutuo de la acción educativa, precisamente, mediante la oportunidad de conectar las múltiples influencias educativas formales y no formales que los nativos digitales tienen (¡y que cada vez tendrán más!), a través de la Web y sus aplicaciones móviles. Pero también se hará creciente, entre otros, el riesgo de descrédito de la Escuela para la formación de la ciudadanía, y, como ya es evidente hoy día también, el mercado querrá apoderarse del monopolio de la educación formal, hasta ahora en manos de la Escuela pública como institución socializadora al servicio del bien común.

El tercer desafío incontestable es, a mi parecer, el de acompasar igualdad de derechos con equidad. Miremos hacia donde miremos, a nuestro alrededor hay un fortalecimiento del principio moral de igual dignidad y derechos de todas las personas, al margen de su identidad sexual o condición social, de sus formas particulares de ser, sentir, amar, creer o pensar; de su procedencia o estado de salud. Esta *revolución de la igualdad* lleva inherente el reconocimiento de la

7. Fernández Enguita, M. (2023). *La Quinta Ola. La transformación digital del aprendizaje, de la educación y de la escuela*. Morata.

diversidad humana como un valor y un principio ético que gana terreno en todos los órdenes de la vida. Muchos autores, con los filósofos Nancy Fraeser y Axel Honneth a la cabeza, entienden que el *reconocimiento* es la condición básica para vencer la fragilidad humana y para lograr la construcción como sujeto. Consiste en la aceptación recíproca de cada individuo, con su singularidad y necesidades, junto con la invitación a que participe en las diversas formas de relación social. Pero no puede ser un simple *igualitarismo* que se traduzca en iguales oportunidades y recursos para quienes, sin embargo, y de partida, están en situación de desigualdad. De lo que se trata, en definitiva, es de promover *igualad con equidad,* de modo que se puedan dar apoyos o ayudas adicionales a quienes más lo necesiten en los distintos ámbitos de la vida (educación, empleo, salud, bienestar social, etc.).

Es evidente que esta marea imparable de la igualdad va encabezada por la igualdad entre mujeres y hombres. Pero tras ella o, mejor dicho, en su interseccionalidad con otras situaciones que igualmente se asocian a situaciones potenciales de discriminación y desventaja, también está el significativo avance del reconocimiento y respeto a la diversidad afectivosexual, plasmado en el pujante movimiento de las personas LGTBIQ+. Y no se quedan a la zaga las reivindicaciones, pero también los avances, en materia de derechos de los que para unos son las personas con *diversidad funcional* y, para otros, personas en *situación de (di≠)Capacidad.*[8] La lista no se agota aquí y, por desgracia, vemos también lo lejos que estamos de un trato justo y digno al pueblo gitano, a los demandantes de asilo y refugio que llegan del empobrecido Sur, o movidos por las guerras, la persecución étnica, la falta de un horizonte vital o simplemente el hambre.

Y como «la escuela no es solo preparación para la vida, sino que es la vida misma», como diría John Dewey, los cen-

---

8. Más adelante explicaré por qué uso esta particular forma de nombrar a las personas en situación de discapacidad.

tros educativos por todo el mundo reflejan (en algunos casos a regañadientes) esa misma diversidad, al mismo tiempo que se sienten interpelados a responder con equidad hacia todos los que en ellos se integran. Pero, lamentablemente, la Escuela que heredamos y tenemos (creada para una sociedad muy distinta a la que ahora mayoritariamente queremos) no está acorde con la ambición que muchos perseguimos de una sociedad con mayor igualdad y justicia social. Por esa razón, nos vemos obligados a llamar la atención sobre lo que le falta y sobre lo que tiene que cambiar. Por eso decimos que necesitamos una educación más inclusiva, con mayor justicia social o con mayor equidad, según donde cada uno quiera poner el énfasis. Esto es, una educación que no margine, humille o degrade a ningún estudiante, que no segregue en espacios, aulas o programas separados al alumnado considerado *especial*, o que no se limite despreocuparse de los «malos alumnos» o de los «zoquetes» de los que nos hablaban con cariño Álvaro Marchesi o Daniel Pennac, respectivamente. En suma, que no deje atrás a nadie por razones personales o sociales que, en sí mismas, no son la causa de dichos efectos, y que se refuerce su capacidad de representación y agencia sobre su propia vida. Se necesita, en definitiva, una educación que contribuya con su granito de arena a cambiar el mundo para hacerlo más inclusivo y justo.

Porque es obvio que la Escuela por sí sola no cambiará este estado de desigualdad educativa y social, pero sin otra escuela nunca se reducirá. A este respecto hoy tenemos una comprensión mucho más *ecológica* de la equidad (que explicaré en breve) a la, sin embargo, no siempre prestamos la suficiente atención. Déjenme que resalte esta idea para evitar transmitir la impresión de que mejorar la calidad de la enseñanza para todas y todos los alumnos, y, con ella, construir una sociedad mejor, es una responsabilidad que se ubica solo «en el sistema educativo» (esto es, en lo que estructura y ordena la relación entre las escuelas) o «puertas adentro de la escuela» (en lo que piensa y hace su profesorado individual y colegiadamente). Obviamente, lo que se hace y deja de hacer en estos planos es, sin lugar a dudas, de una gran importancia para ofrecer a tantos alumnos y alumnas en riesgo de abandono escolar temprano, marginación, maltrato o segregación, una educación escolar distinta que pueda llegar a cambiar su futuro a mejor.

Pero estas intervenciones educativas no bastarán para muchos si, al mismo tiempo, no se actúa también «más allá de las puertas de la escuela», como con gran acierto lo han descrito algunos autores anglosajones, encabezados por el profesor Mel Ainscow, interrelacionando los tres niveles de análisis que acabo de mencionar: *en* la escuela, *entre* las escuelas y *más allá* de las puertas de la escuela, en un potente concepto que han llamado *ecología de la equidad*. Para visualizarlo, siquiera brevemente, veamos algunas evidencias relativas a España. Sucesivos informes publicados por la Organización para la Cooperación y el Desarrollo Económico (OCDE) sobre el *Panorama de la Educación* (*Education at a Glance*) han puesto de manifiesto que el nivel académico de los padres influye de forma determinante en el nivel educativo de sus hijos. Así, las probabilidades de que un joven español continúe estudiando más allá de la enseñanza obligatoria se disparan si sus progenitores tienen estudios superiores. No obstante, el 55 % de los españoles cuyos padres no tenían una titulación de Bachillerato o Formación Profesional (FP) alcanzaron ese nivel educativo. Esta escasa «movilidad intergeneracional» revela el elevado riesgo de reproducción de la desigualdad social y el hecho contrastado de que «la pobreza se hereda». Ojo, el corolario de estos análisis no debe ser el de culpabilizar a los padres o a los propios alumnos por el hecho de que la movilidad intergeneracional sea menor de lo esperado y deseado, ni a lo que se hace desde el sistema educativo, sino llamar la atención sobre la necesidad de una intervención ecológica, esto es, que también incida sobre lo que ocurre *más allá de las puertas de la escuela*, por ejemplo, en relación con la demografía y el urbanismo de las áreas en la que las escuelas se encuentran, así como las realidades económicas que afronta esa población (pobreza, desempleo, infraviviendas...). A estas situaciones subyacen procesos socioeconómicos que hacen que un área sea pobre y otra rica, lo que genera flujos migratorios de unas a otras cuyas consecuencias terminan condicionando, sin lugar a dudas, la acción educativa. Ante ambiciones complejas como la de una educación y un sistema social más inclusivo, no pensemos, ¡por favor!, en propuestas simples o unidimensionales.

Un faro

A lo largo de nuestra historia reciente muchas han sido las iniciativas en las que la comunidad internacional se ha reunido para pensar y hacer propuestas que reviertan o minimicen este injusto estado de cosas. El título de esta obra rememora una de ellas: la Declaración de Salamanca y su Marco de Acción, producto de la conferencia internacional sobre «Necesidades Educativas Especiales: acceso y calidad», que tuvo lugar a mediados de junio de 1994, en la hermosa, acogedora y centenaria ciudad de Salamanca, promovida por la Unesco, con la implicación absoluta del Gobierno de España de entonces y auspiciada por el Ayuntamiento de la ciudad. Aquellos días y aquellas noches de verano del 94 vieron nacer un propósito, una meta educativa ensoñadora que, a día de hoy, sigue siendo, para muchos, el horizonte hacia el que caminar y que ya referenciaba en la Introducción.

> El principio rector de este Marco de Acción es que las escuelas deben acoger a todos los niños, independientemente de sus condiciones físicas, intelectuales, sociales, emocionales, lingüísticas u otras... (Unesco, 1994, p. 6)

Una Escuela de esa naturaleza es un apoyo determinante para constituir una sociedad más inclusiva y justa, el principal legado que podemos dejar a las generaciones futuras. De los resultados de esa conferencia, resaltaría dos aspectos que me parecen muy relevantes para nuestra comprensión de lo que es y persigue una educación inclusiva y, sobre todo, de lo que debe hacerse para avanzar hacia ella.

El primero es que viene a reforzar la visión de que la educación común, ordinaria, debe reinventarse, reimaginarse, sí o sí, desde la perspectiva de que esta preste atención a todos los niños y niñas. Con ello, la Declaración hace un aporte importante para empezar a dejar atrás una visión dicotómica hacia la infancia, niños «normales versus especiales», que sitúa las necesidades y derechos de los primeros (los normales) por encima de los de los segundos (los raros, distintos o especiales). La nueva mirada hacia la infancia, que bien podríamos calificar como *inclusiva*, es un aporte significativo de la conferencia, aunque hecho, no obstante, y paradójicamente, desde la orilla de los niños y niñas considerados desde entonces con *necesidades educativa especiales*. Pero, antes de entrar en el análisis del segundo gran aporte que, a mi juicio, consigue hacerse en este importante evento, creo necesario compartir algunas reflexiones sobre si esta ambición de una educación más inclusiva es algo que solo tiene que ver con la infancia con necesidades educativas especiales, o bien con todos y todas las niñas.

Todos y todas sin excepción[9]

Lo primero que hay que señalar es que entre los grupos de estudiantes que han vivido en primera persona la existencia de sistemas educativos excluyentes y sus consecuencias (invisibilidad, marginación, menosprecio, discriminación), es evidente que el de los niños y niñas, adolescentes, o jóvenes

9. «Todos y todas sin excepción» es el elocuente subtítulo que lleva el informe de la Unesco de 2020 sobre el seguimiento del estado de la educación en el mundo: https://unesdoc.unesco.org/ark:/48223/pf0000374817

en situación de (*di≠*)Capacidad es el primero, no tanto en términos absolutos como relativos. Son los grandes olvidados y me temo que, en cierta medida, siguen siéndolo. La inequidad que han vivido (y algunos todavía viven) a consecuencia de un modo de pensar y responder a sus necesidades educativas que ha exacerbado sus limitaciones personales (al mismo tiempo que obviaba las infinitas barreras en forma de actitudes, concepciones y prácticas excluyentes a las que debían enfrentarse), se ha traducido durante mucho tiempo en exclusión pura y dura de los sistemas escolares, al considerar, sin más, a muchos de ellos o ellas como *no educables*.

Históricamente, esa actitud de *prescindencia* dio paso a otra de institucionalización y, más tarde, de segregación escolar que, en parte, se prolonga hasta nuestros días, si bien en algunos países con tasas menores a las de antaño. Por esa razón, no es de extrañar que la bandera común que los ha unido en las últimas décadas, junto a sus familiares y amigos, no haya sido otra que la de la *inclusión*, ya sea en los ámbitos educativos, social, laboral, de ocio, etc. En consecuencia, es comprensible también que muchos identifiquen el movimiento por la inclusión, casi al 100 %, con el movimiento de las personas en situación de (di≠)Capacidad por un empleo, una vivienda o una educación inclusivas. Pero que ello sea así no significa que debamos restringir este empuje internacional hacia una educación más inclusiva, como si solo afectara a estas personas. Cualquier niño, muchos niños y niñas, a veces de modo circunstancial (una enfermedad, una situación de estrés familiar), otras de forma casi permanente pero silente (alumnado con altas capacidades o con menos habilidades sociales), están en riesgo de que sus necesidades educativas (de aprecio y reconocimiento, de aprendizaje o de bienestar físico y social), no encuentren una respuesta justa, pertinente y adaptada a su realidad, como están la inmensa mayoría de niños o niñas en situación de (di≠)Capacidad, con dificultades específicas de aprendizaje o con enfermedades poco frecuentes.

Aunque no es mi intención hacer de las consideraciones sobre la (di≠)Capacidad un asunto central de este libro, no puedo dejar de referirme a él, ni tan solo brevemente, habida cuenta de la centralidad de este asunto en el tema que nos concierne. Y, en este sentido, seguramente la *discapacidad* es una de las situaciones más difíciles sobre las que hablar y escribir. Lo es porque, a tenor de la comprensión que hoy tenemos del funcionamiento humano, el cual es el resultado de la interacción entre factores personales (el carácter y el estado de salud de una persona, sobre todo) y factores contextuales de tipo social, cultural, político o físico (que pueden verse, según el caso, como barreras o como facilitadores), no cabe, entonces, seguir viendo y hablando de esta cuestión como si se tratara de un rasgo personal (al igual que la altura o el color de la piel). Sin embargo, si hablamos de *personas con discapacidad* (¡y no digamos ya cuando se habla de *discapacitados,* como si fuera un grupo social homogéneo!), se refuerza implícitamente una perspectiva individual de esta situación que tiende a responsabilizar a esas mismas personas de lo que les pasa, de sus dificultades o problemas («claro, como usted es sordo, no puede disfrutar de la televisión o el teatro»), y no pocas veces a culpabilizarlas por ello. Pero, sobre todo, desvía la necesaria mirada hacia todos los factores contextuales que puedan estar, en muchos casos, interactuando negativamente con sus posibilidades; por ejemplo, muchas personas sordas no pueden disfrutar del teatro u otros espectáculos parecidos porque, habitualmente, no se tienen o no se priorizan los recursos tecnológicos (subtitulado, bucles magnéticos) o lingüísticos (interpretación en lengua de signos) que, de implementarse, harían desaparecer la *discapacidad* entendida como desventaja, en este caso, cultural. De hacerlo, solo quedarían personas que tienen un modo de comunicación distinto al mayoritario o que precisan ciertas ayudas técnicas. Si usted que está leyendo este texto usa gafas, pruebe a quitárselas y vea si es, o no, un «discapacitado».

En definitiva, la (di≠)Capacidad es como el resultado de una función matemática, donde la magnitud de este (la desventaja o *mala vida* que, en efecto, experimentan algunas personas en primera persona) es función de la magnitud del conjunto de factores intervinientes en la ecuación, empezando por las barreras existentes en su contexto próximo (sea educativo, social, laboral o cultural), pero sin olvidar los factores personales. Sin duda, también podríamos analizar esta función en positivo. La *calidad de vida*[10] (como lo contrario de la mala vida a la que antes aludía) de todas las personas depende de una positiva interacción entre condiciones personales y contextuales. Piense en la *mala vida* de muchas personas mayores hace un siglo, por ejemplo, y en la *calidad de vida* de la que hoy gozan muchas de ellas, habida cuenta de las múltiples mejoras en ámbitos tan relevantes como la atención sociosanitaria o la dependencia.

Lo cierto es que, en estos momentos y en todo el mundo, el resultado de esa función para algunas personas con déficits sensoriales, motores, cognitivos o con trastornos respecto al desarrollo considerado como normotípico, puede dar lugar a un funcionamiento limitado para la realización en ciertas actividades (aprender, desplazarse, entender ciertos mensajes, cuidar de su propio aseo personal, comunicarse, etc.) o a restricciones en su capacidad para participar en la vida social, laboral, política, cultural, como la mayoría de sus conciudadanos. Pero, como vengo insistiendo, tanto las limitaciones en la actividad como las restricciones para la participación en la vida ciudadana pueden minimizarse e incluso podrían desaparecer si las actitudes hacia la diversidad humana fueran más positivas y los factores contextuales (desde los entornos y los servicios hasta los productos y enseres cotidianos) fueran más accesibles y usables por todos.

10. Un constructo, el de «calidad de vida», ampliamente estudiado y difundido por mi buen amigo y excelente investigador el profesor M. A. Verdugo. Véanse, para ello sus publicaciones en el INICO: https://inico.usal.es

De ahí que, en los últimos años, y promovido por muchas de las personas de las que hablamos,[11] se haya ido extendiendo el concepto de *hombres y mujeres con diversidad funcional* para tratar de referirse en positivo (porque todos tenemos un determinado funcionamiento) a las personas que en el ideario colectivo mayoritariamente seguimos llamando *personas con discapacidad*, yuxtaponiendo a su condición de persona un prefijo negativo que ya de por sí condiciona muchas expectativas. Pero hay que reconocer que *diversidad funcional* no es un término generalizado, que hay colectivos de personas con discapacidad que no se identifican con él y académicos y organizaciones nacionales e internacionales que trabajan en este ámbito que lo cuestionan por su ambigüedad. En efecto, si todos los humanos tenemos por naturaleza un funcionamiento vital diverso, pues diversas y variadas son las circunstancias personales y sociales en las que cada uno se desenvuelve, no parece muy correcto singularizar el término (*diversidad funcional*)[12] y volverlo a convertir en un adjetivo con el que referirse solo a algunas personas en particular.

No es este el lugar para entrar en profundidad en esta dilemática cuestión, porque, como vemos, las alternativas tienen aspectos positivos y negativos simultáneamente. Lo cierto es que, como decía anteriormente, llamémoslo como lo llamemos, estamos ante una de las situaciones que hoy, en general, generan mayor discriminación y que, en particular, son un factor de enorme inequidad en la mayoría de los sistemas educativos del mundo.

Para tratar de salir al paso de este dilema nominal (sin pretender, en absoluto, que sea la solución), y como ya vengo

11. Foro de Vida Independiente y Divertad: http://forovidaindependiente.org/diversidad-funcional-nuevo-termino-para-la-lucha-por-la-dignidad-en-la-diversidad-del-ser-humano
12. En puridad, el término acuñado por dicho foro fue el de «personas discriminadas por su manera de funcionar», que, finalmente, se ha acotado como «personas con diversidad funcional».

haciendo, en mi escritura utilizaré esta forma: *(di≠)Capacidad*,[13] nada ortodoxa desde el punto de vista morfosintáctico. ¡Que me perdone la Real Academia de la Lengua! Es una solución de compromiso. Primero, para llamar la atención sobre la importancia de quitar, mentalmente, ese prefijo negativo (*dis*), que tanto condiciona las expectativas y actitudes de las personas que se consideran a sí mismas sin discapacidad. Lo pongo entre paréntesis y con el singo desigual «≠» en sustitución de la *s* para reforzar el mensaje. Segundo, para intentar resaltar lo importante: que son personas con capacidades y funcionamientos diversos, tan valiosas en sí mismas y dignas de consideración y reconocimiento como cualquier otra. En este sentido, con motivo de alguna campaña divulgativa, incluso he visto utilizada la fórmula «di Capacidad», buscando el énfasis en el *¡di!*, esto es, en lo mucho que también son capaces de hacer; de ahí la *C* mayúscula. Lo que persigo, al final, es usar una fórmula que, por una parte, nos sirva para mantener una expresión que conecta rápidamente con las ideas y concepciones que persisten en nuestras sociedades respecto a estas personas, y, por otra, para advertir sobre la necesidad imperiosa de dialogar y razonar sobre tan controvertido asunto. Cabe resaltar, por último, que hablar de *personas en situación de (di≠)Capacidad*, englobando en un solo término las múltiples y muy diversas diferencias que hay entre los intragrupos e intergrupos que configuran esa realidad, constituye un tremenda simplificación que nos ayuda muy poco en el proceso hacia su mayor emancipación y reconocimiento.

---

13. La profesora A. García Santesmases (2023) también ha utilizado una expresión parecida, «(dis)capacidad», en su más que recomendable trabajo *El cuerpo deseado* (Kaótica), que, además, ayuda a relacionar esta temática en su intersección con otros «ismos» (feminismo, capacitismo) y sus derivados.

Un cambio de raíz, para una escuela extraordinaria

Debo retomar ahora los análisis que estaba realizando sobre el segundo de los principales aportes de la conferencia mundial sobre «Necesidades Educativas Especiales: acceso y calidad» que reunió a representantes de más 92 Gobiernos y 25 organizaciones internacionales, junto con otras no gubernamentales y muchas *buenas gentes* de todo el mundo, que pretendían proyectar cómo sería esa *Escuela extraordinaria,* como hoy la llamaría el profesor Roger Slee. Esto es, esa Escuela con capacidad para contribuir al desarrollo de sociedades más inclusivas. Seguramente, la visita nocturna, en una hermosa noche de principios de verano, a los Jardines de Calisto y Melibea de Salamanca puso su granito de arena a tan ilusionante tarea.

El segundo gran aporte de la Conferencia es el mensaje claro y rotundo que entrega a los Estados y a los agentes educativos: si realmente se quiere avanzar hacia un proyecto social inclusivo, se tienen que reformar los sistemas educativos de cabo a rabo. Y lo que hace el Marco de Acción que acompaña a la Declaración de Salamanca es revisar, punto por punto (de forma somera pero incisiva en lo importante), los elementos nucleares de un sistema educativo: desde la financiación hasta la formación inicial y permanente del profesorado; del currículo a la organización y ordenación escolar; de los tipos de centros escolares a la financiación o la cooperación nacional e internacional, entre otros, ofreciendo indicaciones y principios fundamentales para reorientar todos estos aspectos con vistas a que se configuren como elementos de sistema educativo propiamente inclusivo.

Qué duda cabe de que, como ya he mencionado, se han hecho y se podrán hacer en el futuro más aportes específicos y actualizados en cada uno de estos elementos respecto a lo que se escribió en aquellos días de verano (¡bienvenidos sean todos ellos de la mano de la investigación y la innovación educativa!), pero lo esencial del mensaje sigue siendo lo mismo: si no hay cambios sustantivos, de raíz, con una orientación inclusiva, en los distintos planos que configuran un sistema educativo, que finalmente logren llegar a las culturas y políticas de los centros escolares y a las prácticas en las aulas (como espacio último para el aprendizaje y la participación), entonces, no habrá progresos significativos en este terreno. Para mí, la principal razón que explica la situación de estancamiento que se observa respecto al avance hacia una educación más inclusiva, tanto en España como en otros lugares, es precisamente la debilidad y parcialidad de las reformas educativas emprendidas en los últimos años en lo referido a su compromiso con esa meta.

La impronta de haber tenido la oportunidad de estar allí aquellos días y noches de verano, en un ambiente estimulante y con cierta intuición de estar haciendo un poco de historia (aunque eso lo sé ahora, treinta años después, cuando observo que es una referencia obligada para los estudiosos del tema), no me hace menospreciar, ni mucho menos, todo lo que hemos aprendido después para seguir avanzando, por más que sea a trompicones, hacia ese sueño compartido.[14] Tras Salamanca, en efecto, ha habido muchas iniciativas provenientes del sistema de Naciones Unidas y de otros organismos y organizaciones internacionales que han venido a reforzar, ampliar o interconectar los propósitos y orientaciones de aquella con otros de indudable importancia. Tal es el caso del informe de la Unesco de 2021 que lleva por título *Reimaginar juntos nuestros futuros: un nuevo contrato social para la educación* y en el cual se plantea, una vez más, que:

Las escuelas deberían ser lugares educativos protegidos, que promueven la inclusión, la equidad y el bienestar individual

14. Collet, J., Naranjo, M. y Soldevila-Pérez, J. (2022). *Global Inclusive Education Lessons from Spain*. Springer.

y colectivo, y que deberían reimaginarse con miras a facilitar aún más la transformación del mundo hacia futuros más justos, equitativos y sostenibles. (Unesco, 2021, p. 10 del Resumen)

Anteriormente, la Declaración de Incheon de 2015 preparó el camino para el cuarto de los Objetivos de Desarrollo Sostenible (ODS) que las Naciones Unidas han proyectado para 2030. Este ODS conecta la ambición de una educación inclusiva y de calidad, con la imperiosa necesidad de promover un desarrollo humano sostenible, que es, como anticipaba al inicio, el desafío de los desafíos al que hoy nos enfrentamos la humanidad.

Nuestra visión es transformar las vidas mediante la educación, reconociendo el importante papel que desempeña la educación como motor principal del desarrollo y para la consecución de los demás ODS propuestos. Nos comprometemos con carácter de urgencia con una agenda de la educación única y renovada que sea integral, ambiciosa y exigente, sin dejar a nadie atrás. Esta nueva visión se recoge plenamente en el ODS 4 propuesto «Garantizar una educación inclusiva y equitativa de calidad y promover oportunidades de aprendizaje permanente para todos» […].
  La inclusión y la equidad en la educación y a través de ella son la piedra angular de una agenda de la educación transformadora y, por consiguiente, nos comprometemos a hacer frente a todas las formas de exclusión y marginación, las disparidades y las desigualdades en el acceso, la participación y los resultados de aprendizaje. Ninguna meta educativa debería considerarse lograda a menos que se haya logrado para todos. (Unesco *et al.*, 2015, p. 7)

Una educación única y renovada, para todos, sin dejar a nadie atrás…, bellas palabras que deben jugar su papel, que deben servirnos para fijar un horizonte y encender los ánimos para una larga travesía. Pero hablar de declaraciones y principios puede resultar, para algunos, un asunto etéreo, que no resuelve los problemas de navegación que esta travesía conlleva. Y, en efecto, con ser de indudable importancia el hecho de tener claros el horizonte y el rumbo que ha de seguir el trabajo de quienes se quieren implicar en este viaje, es imprescindible también disponer de *cartas* y *guías para la navegación,* más precisas y usables por quienes, al final, han de implementar estos propósitos: el profesorado y quienes a su lado trabajan, como pueden ser los orientadores o los servicios de inspección, aunque no siempre unos y otros parecen estar por la labor. Por esta razón, en el tercer capítulo vamos a revisar algunas guías para tal fin.

Pero, para ello, es necesario conocer y compartir, previamente, un marco de referencia que nos permita entender el lenguaje que en ellas se utiliza para definir y concretar qué es eso de una educación más inclusiva. Y para saber con mayor precisión *de qué hablamos cuando hablamos de inclusión*, pues, de lo contrario, sería relativamente fácil que alguien nos quisiera *dar gato por liebre* o que nos viéramos cambiando algunos términos para que nada cambie por debajo; para que no se transformen nuestras prácticas, que es donde uno realmente aprecia lo que otros y uno mismo es y piensa. Esa es la intención del siguiente capítulo.

Capítulo 2
Cartas de navegación

Un marco de referencia para la educación inclusiva

En el capítulo anterior he resaltado, por su relevancia, el papel que tuvo y tiene la Declaración de Salamanca de 1994 como punto de arranque simbólico, como faro para el señalamiento del horizonte hacia una educación más inclusiva. Todos los procesos tienen siempre un antes y un después y resulta arbitrario fijar una fecha precisa en este continuo devenir, salvo, como digo, para resaltar un evento importante en una larga cadena de antecedentes y consecuentes que no ha lugar analizar. Pero, como también he apuntado ya, no es, ni con mucho, la única referencia internacional. Desde entonces hasta hoy, reiteradamente, las organizaciones internacionales en el ámbito de la educación han llamado a los Estados miembros a comprometerse con esa tarea. En el año 2006, en Washington, en el solemne marco de la sede de Naciones Unidas, veía la luz la Convención de los Derechos de las Personas con Discapacidad (CDPCD), que venía a *releer* todo el sistema de derechos humanos desde la perspectiva de las personas con (di≠)Capacidad y a la vista de que estas seguían siendo objeto reiterado de discriminación en todos los ámbitos del quehacer humano. El artículo 24 de dicha Convención venía a convenir que, en adelante, el derecho a la educación de todas las personas, lo cual incluye, pues, a las personas con discapacidad, debe entenderse, simple y llanamente, como el derecho a una educación inclusiva. Un paso, por otra parte, decisivo, porque lo que en la Declaración de

Salamanca era un importante, aunque simple *principio moral*, ahora se convertía también en un *derecho positivo*, con el respaldo legal que ello supone, al amparo de la naturaleza jurídica que las convenciones de derechos humanos tienen para los países que las ratifican, como es el caso de España.

Dos años más tarde, la 48.ª Reunión Internacional sobre Educación, promovida por el Bureau Internacional de Educación (BIE) y la Unesco en 2008, estuvo temáticamente centrada en la educación inclusiva con el elocuente título de «La educación inclusiva: el camino hacia el futuro». Ese mismo año, en El Salvador, la Organización Iberoamericana para la Educación, la Ciencia y la Cultura (OEI), en su programa marco «Metas 2021. La educación que queremos para la generación del bicentenario», establecía como uno de sus principios rectores la «educación en la diversidad» y una importante meta general («M2. Lograr la igualdad educativa y superar toda forma de discriminación en la educación»), la cual, en conjunción con el resto de las metas acordadas, convenciones, declaraciones y pronunciamientos, nos habla del ¿firme? compromiso internacional de los Gobiernos de todo el mundo para transformar los sistemas educativos de forma que excelencia y equidad, excelencia e inclusión sean, en el horizonte del año 2030 (ODS, núm. 4), elementos constitutivos de una enseñanza de calidad para todo el alumnado, en vez de parámetros contrapuestos, como, lamentablemente, ocurre en la actualidad en tantos y tantos sistemas educativos del planeta. No ha sido el último de los pronunciamientos internacionales al respecto y, sin duda, veremos más.

A la vista de lo dicho, está claro que los compromisos formales con una educación inclusiva son evidentes, si bien es cierto que también salta a la vista que la brecha entre esa aspiración y la persistente realidad de inequidad y exclusión educativa es todavía enorme y se resiste a decrecer. Detrás de ello hay múltiples factores que sería complejo analizar en este momento, pero también conviene señalar que, junto con las resistencias que origina un proceso de transformación escolar de este calado, existe un creciente interés y un compromiso muy serio por parte de muchos educadores y educadoras de todo el mundo en ser capaces de lograrlo; esto es, en tratar de llevar los valores y principios de la equidad, la inclusión y el reconocimiento y valoración de la diversidad de sus estudiantes a las culturas y políticas escolares de sus centros y, finalmente, a las prácticas de sus aulas.

Acabo de señalar que desde 2008, año en el que España ratificó la CDPCD (otros países lo han hecho en otros momentos y unos pocos no lo han hecho todavía), la educación inclusiva es un *derecho de todos los alumnos y alumnas*. Pero nadie se sorprenderá si afirmo también que uno de los principales retos a los que hoy se enfrentan todos los sistemas y comunidades educativos es el de hacer efectivo este derecho, es decir, construir sistemas educativos que garanticen la calidad con equidad y que ello sea, mayoritariamente hablando, una realidad en centros y aulas de todas las etapas educativas.

La educación inclusiva es una realidad poliédrica y una tarea muy compleja en la cual continuamente los centros y los docentes están interpelados por la tarea de procurar equilibrar una balanza inestable en la que en un platillo se coloca el deseo de hacer efectivos, para todo el alumnado, valores y principios muy deseados por la mayoría, como la equidad, la justicia o el respeto a la diversidad, al tiempo que en el otro platillo pesan las rutinas, los limitados recursos y, en muchos contextos, la existencia de duras condiciones socioeconómicas externas a los centros que, por todo ello, hacen muy difícil mantener equilibrada esa balanza. A esta tarea se enfrentan, día a día, sobre todo, el profesorado y las familias y tratan de resolverla valiéndose de los conocimientos, las actitudes y los medios que tienen a su disposición y que, por lo general, suelen ser insuficientes.

Siempre he creído y mantenido que un primer paso inexcusable para hacer frente a ese desafío es tener claro de qué hablamos cuando nos referimos a la idea de una educación más inclusiva; o, dicho en otros términos, es importante compartir un marco de referencia y un lenguaje adecuado para hablar de ella. El marco (que he descrito con otros colegas en muchos textos anteriores a este), se concreta en tres dimensiones muy cercanas al trabajo cotidiano del profesorado y en dos tareas inherentes al proceso de mejora que hace falta iniciar y sostener en todos los centros escolares para tratar de hacer efectivo este derecho. A este respecto, y antes de iniciar el análisis pormenorizado de estas dimensiones y tareas, debo resaltar de nuevo, por si no hubiera quedado claro anteriormente, que los destinatarios de esta ambición son todas y todos los estudiantes, sin excepciones. No solo un pequeño grupo de ellos, pese a que, obviamente, hay algunos en particular que se encuentran en mayor riesgo de exclusión y, por ello, es de justicia que estén muy presentes en nuestros análisis.

Presencia, participación y aprendizaje.

Las tres dimensiones fundamentales a las que me refiero son: la *presencia*, la *participación* y el *aprendizaje/rendimiento*. ¿Qué significan? En primer lugar, la idea de *presencia* se refiere al lugar, a dónde son escolarizados las y los estudiantes. Me refiero a la necesaria presencia de todo el alumnado en los centros y espacios educativos comunes/regulares y, dentro de ellos, en todo lo que va desde las actividades del aula hasta las actividades complementarias y extraescolares, pasando por los momentos de descanso o de comida.

Desde este ángulo, lo que debemos analizar es si todos los estudiantes permanecen o no con sus compañeros en el aula, o bien si para determinadas actividades escolares acuden a otra aula diferente de la de sus iguales; si tienen restringida la oportunidad de estar en el patio, el comedor o el polideportivo, o si no se les facilita compartir ciertas actividades extraescolares. ¿Por qué es importante este estar juntos? Porque difícilmente podemos aspirar a que todos nuestros alumnos y alumnas aprendan a valorar seriamente la diversidad humana, a convivir con ella en todas sus facetas y a entenderla como algo valioso de la sociedad si desde la Escuela no aprenden a desenvolverse en ella cotidianamente. Desde este punto de vista, una educación inclusiva es contraria a la segregación sistemática de determinados estudiantes en grupos, aulas o centros diferenciados por razón de su género, rendimiento, (di≠)Capacidad, salud, procedencia, grupo étnico, orientación afectiva sexual o cualquier otra.

Esta dimensión relativa a la presencia tiene un referente y una imagen muy clara en la que nos aporta el profesor Carlos Skliar.[15] Se trata, simbólicamente hablando, de las diferentes *puertas* que un centro puede tener o crear frente a la aspiración de aprender a vivir juntos; las *puertas cerradas* nos hablan de la inaccesibilidad, la imposibilidad o la negación de la entrada a algunos estudiantes. Las *puertas abiertas*, por el contrario, nos sugieren la apertura mental hacia aquellos que habitualmente no están, una hospitalidad incondicional. Pero también en muchos discursos y realidades escolares aparecen las *puertas giratorias* o las *puertas con detectores de metales*; en este contexto, diríamos, con *detectores de capacidades*. Esto es, centros que por sí mismos o con ayuda de profesionales externos y mediante pruebas de distinto tipo excluyen a algunos estudiantes, bien sea después de pasar un tiempo en el centro, a modo de puertas giratorias (como ocurre con cierto alumnado con necesidades educativas especiales que, tras la Educación Primaria, es derivado a centros de educación especial), bien con relación a los que no consiguen nunca entrar allí (puertas con detectores de metales), porque tienen determinadas necesidades de apoyo educativo específicas frente a las cuales el centro suele aducir que no está preparado.

15. Skliar, C. y Dussel, I. (2015). From equity to Difference. Educational Legal Frames and Inclusive Practices in Argentina. En: Artiles, A., Kokleski, E. B. y Waitloller, F. (eds.). *Inclusive Education. Examining equity in five continents* (pp. 185-200). Harvard Education Press.

Respecto al concepto de *participación*, hay que decir, antes de nada, que es en sí misma una dimensión compleja, pues engloba también diferentes lecturas o planos. La participación en educación implica ir más allá del acceso o la presencia. Supone, en primer lugar, aprender con otros y colaborar o cooperar con ellos en el transcurso de las clases y las lecciones. Nos habla, asimismo, de una indispensable implicación activa (*engagement* en inglés) y compromiso con lo que se está aprendiendo (y enseñando). En tercer lugar, hablamos de participación como idea que nos permite hablar de la preocupación por el *bienestar personal y social* del alumnado, lo cual nos lleva a preguntarnos por la calidad y calidez de sus experiencias educativas mientras se encuentran en la Escuela, en el aula o en cualquier otro espacio o actividad. Esto es, la participación se usa como concepto aglutinador del papel que desempeñan los afectos, las emociones y las relaciones en la vida escolar de los alumnos. Nos habla de tener amistades y grupos de referencia con los que compartir y *sentirse parte* en las actividades significativas de la vida escolar.

Este *bienestar* es, al mismo tiempo, imprescindible para que el aprendizaje escolar tenga sentido, pues las tareas de aprendizaje y el clima de aula deben apoyar y fortalecer la autoestima y el sentimiento de orgullo y valía personal de cada estudiante por lo que este es y no por lo que nos gustaría que fuese en comparación con alguna idea prototípica de lo que es un buen estudiante o un estudiante *normal*. Cabe resaltar que, en las últimas décadas, la «igualdad de reconocimiento» se ha añadido a las otras formas de igualdad defendidas, hasta el punto de que, para algunos filósofos, como Axel Honneth, el reconocimiento de la dignidad de todas las personas o grupos constituye el elemento esencial de su concepto de *justicia*. Las posibles injusticias ya no están solamente en las formas de distribuir bienes o derechos, sino también en la ausencia de afectos, de cuidado o de estima social, algo que para este filósofo y para su colega Nancy Fraser hurta la dignidad humana.

La participación se vincula, entonces, al objetivo de «reconocimiento» de los educandos que debe cumplir toda institución educativa, como también nos recuerda, entre otros, el equipo del profesor Puig Rovira:

> Entendemos que el reconocimiento es la condición básica para vencer la fragilidad humana y lograr la construcción como sujeto. Consiste en la aceptación de los demás, de la singularidad y necesidades de cada individuo, junto con la invitación a que participen en las diversas formas de relación social. (Puig Rovira *et al.*, 2012, p. 102)[16]

Este reconocimiento añade o tiñe de emoción y, por lo tanto, de *calidez* las experiencias de aprendizaje de todo el alumnado. Por el contrario, el aislamiento, la falta de amigos o amigas, quedarse fuera de redes de relaciones sociales consistentes u otras formas de maltrato entre iguales son señales inequívocas de falta de reconocimiento y, por ello, de *exclusión*, aunque frecuentemente invisibles a los ojos de quienes no quieren verlas. Además, también se ha de resaltar que la exclusión social es la forma más frecuente de *maltrato entre iguales por abuso de poder*, el tantas veces preocupante *bullying*, con los devastadores y en ocasiones trágicos efectos que esta práctica tiene, a corto y largo plazo, en la autoestima y en la vida de los estudiantes que la sufren.

Finalmente, la participación nos habla también de la necesidad de *tomar parte* en las decisiones que afectan a los estudiantes, y de ahí la importancia de las políticas de participación de estos en la vida escolar. Indirectamente no está hablando de la necesidad de tener en consideración y escuchar *sus voces*; esto es, lo que sienten y opinan acerca de los procesos educativos que los afectan, y no solo para oírlos, sino como palanca para la transformación de ciertas culturas,

---

16. Puig Rovira, J. M., Doménech, I., Gijon, M., Martín, X., Rubio, L. y Trilla, J. (2012). *Cultura moral y educación*. Graó.

políticas y prácticas escolares potencialmente excluyentes. Esto no es, por otra parte, un capricho o algo graciable, sino que hablamos también de un *derecho*, reconocido desde hace mucho tiempo en la Convención de los Derechos del Niño (1989), promovida por Unicef, y un asunto de creciente interés y trabajo para muchos investigadores y docentes.[17]

El *aprendizaje* tiene que ver con la preocupación por que todo el alumnado de la escuela tenga el mejor rendimiento escolar posible en las diferentes áreas del currículo de cada una de las etapas educativas establecidas para todos. Es importante resaltar una idea de aprendizaje y rendimiento mucho más amplia y comprensiva que la vinculada a lograr buenos resultados en las pruebas estandarizadas que los docentes o las Administraciones educativas suelen usar para evaluar ciertos rendimientos escolares. Las ideas de aprendizaje y rendimiento han de estar asociadas, sobre todo, a una forma de evaluar que debe prestar más atención al reconocimiento del progreso de cada estudiante respecto a sí mismo con relación al desarrollo de las competencias básicas e imprescindibles que facilitarán su inclusión en la vida social y laboral, y no tanto a una evaluación acreditativa que se traduzca en una nota numérica.

Esta dimensión está estrechamente vinculada con la de participación que acabo explicar, pues, como también ha señalado el profesor Puig Rovira, «sin reconocimiento no hay conocimiento». Esta fuerte interdependencia entre lo emocional y lo racional, entre las condiciones que permiten atribuirles no solo *significado* a los aprendizajes escolares, sino también un *sentido* y un valor personal (en definitiva, entre los afectos, las relaciones y los saberes escolares), es un dato irrefutable de la investigación neuropsicopedagógica disponible. Comprender mejor y, sobre todo, restañar algunas emociones y actitudes del alumnado asociadas a lo que con

---

17. Susinos, T., Ceballos, N. y Saiz, A. Linares (eds.) (2018). *Cuando todos cuentan. Experiencias de participación de estudiantes en las escuelas*. La Muralla.

demasiada simpleza llamamos «fracaso escolar» (el miedo, la culpa, la tristeza, la indefensión), nos ayudaría muchísimo a disminuir esta terrible situación, si tenemos presentes las altas tasas de fracaso y abandono escolar que existen en España y en otros muchos países.

En consecuencia, la educación inclusiva (si bien esta reflexión también podría hacerse extensible al ámbito laboral, social, cultural o deportivo) no es, ni mucho menos, una cuestión únicamente de lugares (presencia). Es el proceso, complejo y dilemático, que busca articular de forma justa las tres dimensiones referidas y que necesita saber de las tres (¿cómo es la presencia, la participación y el aprendizaje de estos o aquellos alumnos?), para emitir un juicio, en un momento determinado y, dado el caso, sobre la política de inclusión de un centro o sobre determinadas prácticas de aula. Cabría decir, entonces, que la educación inclusiva supone intentar articular («trenzar con equidad», me gusta decir) estas tres dimensiones para todo el alumnado.

Estas dimensiones nos sirven también para entender el concepto de *exclusión educativa* con mayor amplitud. Desde esta perspectiva, los procesos de exclusión educativa harían alusión a las situaciones y condiciones que, en tensión dialéctica con las anteriores, mantienen o generan: *segregación* escolar, como opuesta a la presencia de todo el alumnado en espacios comunes y, con ello, el apartamiento de algunos en espacios diferenciados; *marginación* y otras emociones contrarias al reconocimiento, la participación y el bienestar personal y social, y *fracaso/abandono escolar*, como opuesto al aprendizaje y rendimiento de todos los alumnos y alumnas.

Así pues, la *exclusión educativa* no es un proceso simple, sino igual de complejo e interdependiente que el relativo a la *inclusión educativa*, con la cual, como acabo de señalar, se mantiene en constante tensión dialéctica. En este sentido, el proceso de mejora hacia una educación más inclusiva se produce en la medida en que se reducen las actitudes y prácticas excluyentes (en alguna de sus tres facetas o en todas ellas), igual que estas aumentan cuando disminuye las situaciones, dinámicas y actitudes incluyentes.

Transformar las barreras en oportunidades y apoyos

Señaladas las tres dimensiones que habremos de tener en cuenta para avanzar hacia una educación más inclusiva, llega ahora el turno de señalar *dos tareas imprescindibles* para este proceso que, a su vez, introducen algunos conceptos y términos nucleares para la comprensión de cuanto estoy queriendo compartir sobre este tema. La primera tarea se refiere a la necesidad de *reconocer y señalar las barreras* que limitan el ejercicio efectivo del derecho a una educación de calidad sin exclusiones y quiénes y cómo las experimentan. La segunda será, obviamente, ponerse a la faena de tratar de eliminarlas o, como mínimo, de reducirlas, para *instalar, en su lugar, apoyos* que medien positivamente entre el alumnado y el contexto escolar.

El concepto de *barreras* es clave en la perspectiva que estoy mostrando, pues con él se hace referencia al conjunto de factores (actitudes, concepciones, políticas, prácticas de aula, etc.), que limitan o pueden llegar a limitar la presencia, el aprendizaje y la participación, así como el reconocimiento y valoración de la diversidad del alumnado en un centro escolar determinado. Se trata, obviamente, de un *concepto descriptivo*, que nada nos dice de la naturaleza y de las características específicas de cada una de tales barreras, pero que sí que nos sirve para dos cosas cruciales: en primer lugar, llamar la atención sobre el hecho de que las *dificultades, problemas* o *desventajas* que experimentan o muestran algunos estudiantes no son solamente, ¡ni mucho menos!, un problema personal; esto es, no solo tienen que ver con sus *factores personales* (carácter, salud, género o déficits en su desarrollo sensorial, cognitivo, motriz o en cualquier otro ámbito). Son también dificultades, problemas o desventajas que se explican sobre la base de *factores contextuales* que interactúan con aquellos. Factores contextuales en los que entran, entre otros, todos los elementos que configuran las culturas, las políticas y las prácticas escolares, muchos de los cuales cabe interpretar y valorar como auténticas *barreras para la presencia, la participación o el aprendizaje* de ese alumnado.

Lo segundo importante que trae consigo esta mirada sobre las *barreras* es que nos coloca en la senda de la mejora, porque ninguna barrera es, en principio, inamovible. Es cierto, como bien sabemos todos, que algunas son especialmente duras y resistentes y que otras nos pueden requerir mucho tiempo y son, por momentos, insufribles, como es el caso de las actitudes supremacistas, machistas, capacitistas o xenófobas. También es cierto que uno no las verá desaparecer por completo en la vida que le haya tocado vivir. Pero, como diría el cantautor Pablo Guerrero, «siempre existe la posibilidad de lo posible». Mientras siga creyendo en este hecho, estaré convencido de que vale la pena seguir trabajando para reducir las barreras existentes, pues otros tras de nosotros vendrán, sin duda alguna, a retomar el relevo cuando proceda.

Una visión sistémica de la vida escolar: culturas, políticas y prácticas

¿Dónde se encuentran estas barreras y, en su caso, los potenciales apoyos para la inclusión? En el marco del análisis ecológico que he defendido, las barreras o los apoyos se pueden encontrar *en los centros* escolares, *entre ellos* (en el sistema educativo como tal) y *más allá de las puertas de la escuela* (en el sistema social, político, cultural, económico…). Me llevaría muy lejos y necesitaría mucho más espacio del que me ofrece este texto revisar las principales barreras en todos los sistemas que configuran el *nicho ecológico educativo*. Me centraré, por ello, en los diferentes planos que conforman la vida de un centro escolar que, al interactuar con las condiciones personales, sociales o culturales de determinados estudiantes o grupos de estudiantes, son los que generan o mantienen los procesos excluyentes o incluyentes. A estos planos, y gracias al trabajo de los profesores Mel Ainscow y Tony Booth, los llamamos *culturas, políticas* y *prácticas*.

La *cultura escolar* hace referencia a los valores, creencias y principios compartidos en un centro por su comunidad educativa. En ocasiones se habla de la cultura como las *gafas* a través de las cuales se ve la vida del centro en general. No existe una cultura monolítica, sino varias, que pueden competir o coexistir en un mismo centro. Tampoco se quedan fijas en el tiempo, sino que pueden modificarse y variar. Las culturas escolares también pueden ser más o menos consistentes y coherentes (o contradictorias). Las culturas escolares suelen reflejarse en los proyectos institucionales, como los *proyectos educativos* o los documentos referidos a la *visión*, la *misión* y los *valores* del centro. En este sentido, por ejemplo, podría hablarse del apoyo que supone una cultura escolar que considera la diversidad cultural como una riqueza; de una cultura escolar que promueve y da la bienvenida a la participación de todos los agentes educativos de la comunidad, o de una cultura escolar favorecedora de la innovación educativa, frente a otra que, cual, si de barrera se tratara, estuviera trufada de actitudes conservadoras o inmovilistas.

Por su parte, las *políticas* de un centro aluden a la planificación explícita y articulada de normas, procedimientos o acciones (por lo general, en forma de planes o programas), relacionados con los principales vectores que articulan la vida escolar; por ejemplo, se acostumbra a hablar de la política de admisión de alumnos; de la política de participación de la comunidad educativa (profesorado, alumnado, personal de administración y familias); de la política curricular (las directrices generales para orientar las formas de enseñar y evaluar); de la política de convivencia escolar (normas, disciplina y resolución de conflictos), o de la política referida a las principales decisiones de organización escolar (agrupamientos, horarios, actividades extraescolares, etc.). Las políticas tendrían su fundamento y sustento en la cultura escolar. Las políticas pueden ser más o menos coherentes entre sí y con relación a los valores declarados por el centro. No es inusual encontrarse con centros que en sus documentos institucionales se autodefinen como democráticos, participativos o inclusivos, y luego son autoritarios en sus procesos de toma de decisiones o aplican criterios de escolarización que excluyen a determinados alumnos o alumnas.

Las *prácticas* o *sistemas de prácticas*[18] tienen que ver con las acciones que, al final, el profesorado (y otros profesionales) ejecuta o desarrolla cotidianamente en el centro, tanto en el ámbito del aula (formas de enseñar y evaluar, uso de materiales didácticos, organización del espacio y la interdependencia entre el alumnado...) como en otros espacios comunes o en las actividades extraescolares o complementarias. Las prácticas movilizan también determinado tipo de relaciones entre las personas, razón por la cual llevan implícitos determinados valores, lo que puede traducirse en mejores o peores oportunidades de *reconocimiento*. Las prácticas necesitan que, en mayor o menor grado, haya políticas que las sustenten y apoyen y, finalmente, son la forma de encarnar y concretar los valores y principios compartidos de la cultura moral de un centro. En definitiva, y a la hora de la verdad, lo que realmente importa son las prácticas que se acaban implementando, pues en ellas anida el compendio de lo que un centro y un docente quiere ser y hacer.

Pero, por supuesto, también puede ocurrir (y ocurre con frecuencia), que lo que se hace en el aula sea poco coherente con los principios de equidad e inclusión que con relativa frecuencia se invocan en muchos proyectos educativos o en los

---

18. El constructo «sistemas de prácticas» y su relación con la «cultura moral» de un centro ha sido especialmente analizado por el profesor Puig Rovira (2011), y resultan muy pertinentes a los efectos de lo que estoy diciendo. Véase, por ejemplo, https://www.cite2011.com/wp-content/Comunicaciones/Escuela/003.pdf

documentos sobre visión, misión y valores de la institución y que, en este sentido, vendrían a ser papel mojado.

Retomemos la pregunta: ¿dónde pueden aparecer las barreras en un centro escolar? Podríamos decir ahora con mayor precisión que pueden encontrarse, por ejemplo, en torno a la *cultura* de una escuela en el momento en el que esta, si es el caso, no se percibe a sí misma ni se muestra como una comunidad segura, acogedora, colaboradora y estimulante, en la que cada uno de sus miembros es, de algún modo, valorado y reconocido y todos los estudiantes y sus familias son bienvenidos. Es fácil entender que, cuando un centro escolar (profesorado, familias y alumnado), no comparte (cada uno a su nivel), ciertos valores inclusivos, estamos frente a una realidad en la que difícilmente podrán florecer prácticas educativas que acojan, respeten y valoren la diversidad del alumnado.

Como apuntaba, hablamos de *políticas del centro* para referirnos a la actividad de planificación educativa mediante la cual un centro educativo, a través de sus órganos de dirección y coordinación, concreta y organiza su trabajo docente, y a la manera como distribuye y ordena sus recursos materiales y humanos para llevar a la práctica determinadas intenciones educativas. A este respecto, podríamos encontrar *barreras* en los planes generales del centro o en sus medidas de organización y funcionamiento. Pensemos, por ejemplo, en los casos en que las programaciones para un curso o un área han sido elaboradas de forma parcial, apresurada o inconexa con otras afines, tanto transversalmente (con las del mismo curso), como longitudinalmente (con las de los diferentes cursos de una etapa), o cuando se hacen sin la mirada puesta en toda la diversidad del alumnado. También podríamos hablar de *barreras* en este plano cuando las instancias de coordinación resultan ineficaces e ineficientes, o cuando los recursos disponibles se desaprovechan. En este mismo plano cabe reconocer una barrera singular, lamentablemente cotidiana en muchos centros: tiene lugar cuando el *apoyo escolar* se concibe exclusivamente como el trabajo que realiza cierto profesorado especializado con ciertos estudiantes, profesorado designado a tal fin por la Administración pertinente o por el propio centro.

Por último, lo que ocurre por los pasillos, en el recreo, en los baños, en el comedor y, sobre todo, en el aula (el espacio final donde se concretan y desarrollan con mayor intencionalidad la mayoría de los procesos de enseñanza y de aprendizaje), también tiene que ser revisado con vistas a analizar aquellas prácticas que pueden estar actuando como *barreras* para el aprendizaje y la participación y valoración de ciertos estudiantes. Así, hablaríamos de nuevo de *barreras* cuando se priman unas *inteligencias* o saberes frente a otros; cuando las actividades no se diseñan pensando en las habilidades o capacidades de todo el alumnado o cuando no se consideran diferentes formas de presentar la información, de motivar o de evaluar. Nos enfrentamos a muchas barreras que limitan la inclusión en las aulas. Si no partimos de lo que saben nuestros alumnos y alumnas o no tenemos en cuenta las relaciones entre ellos o la que mantienen con el profesorado; si en estas relaciones grupales se antepone la competición a la colaboración y la cooperación, o si el alumnado no tiene oportunidades de elegir entre opciones diversificadas que se ajusten a su nivel de competencia, sus intereses, motivaciones o expectativas, también estaríamos ante *barreras* que limitan la inclusión. En el último capítulo volveremos sobre el tema, pero en esa ocasión con una mirada esperanzadora sobre el análisis de prácticas inclusivas.

Asimismo, es preciso recordar que las *barreras* que hemos de analizar no son solo aquellas que puedan limitar el aprendizaje y la participación del alumnado, sino también las que afectan a la participación de las familias, del propio profesorado y del resto de las personas que trabajan y conviven en un centro escolar. Por ejemplo, en el ámbito de la cultura de centro, si los diferentes profesionales de un centro escolar no son los primeros en sentirse acogidos (por la ausencia de política de acogida a los nuevos docentes), valorados y respetados por los demás, difícilmente podrán desarrollar su trabajo en condiciones favorables para promover el aprendizaje y la participación de su alumnado.

En el ámbito de la política de centro la descoordinación del trabajo, las relaciones de hostilidad o aislamiento o la falta de incentivos internos o externos son, entre otros, obstáculos o barreras que condicionan negativamente el trabajo docente y que impedirán cualquier iniciativa de mejora o innovación que se pueda plantear. Por otra parte, el personal no docente, sean auxiliares educativos o el personal de administración y servicios, también tiene una influencia educativa significativa en la vida de los estudiantes: los reciben por la mañana, los atienden en ciertas ocasiones, les dan de comer y los cuidan y, no pocas veces, poseen competencias personales muy valiosas. Ellos y ellas también tienen que sentir que forman parte de un proyecto que los acoge, que los valora y que cuida de su desarrollo personal y laboral.

Así como he señalado que *inclusión* y *exclusión* son procesos interdependientes, dialécticos, lo mismo cabe decir de la relación entre las *barreras* y los *facilitadores* o los *apoyos* existentes en un centro. Esto es, hablaríamos de *facilitadores* o *apoyos* para referirnos a todos los *factores de protección* situados en las culturas, las políticas y las prácticas escolares que, en interacción con las características y necesidades de su alumnado, promoverían la articulación equitativa de la presencia, la participación y el aprendizaje, tarea que está en el corazón de esta ambición inclusiva que estoy analizando. Me he referido desde el inicio a una articulación equitativa, justa, de estas dimensiones, lo que no significa que sea idéntica o igual en todo momento y para todo el alumnado. Y esa decisión de si es más o menos justa, le compete, sobre todo, a una comunidad educativa fuertemente articulada por valores democráticos y mediante el diálogo y la participación equitativa en los procesos deliberativos de quienes la configuran.

En la figura que sigue, diseñada por mi hijo mayor, hemos querido plasmar gráficamente lo sustantivo de estos análisis al respecto de la concreción de la educación inclusiva en un centro escolar: los planos de la vida escolar, las dimensiones y la tensión dialéctica entre ellas, todo ello mediado por la existencia de barreras o facilitadores, de tal modo que la *función* resultante vendría a definir o bien el cumplimiento del derecho a una educación inclusiva, o bien la existencia de situaciones de discriminación respecto a su disfrute.

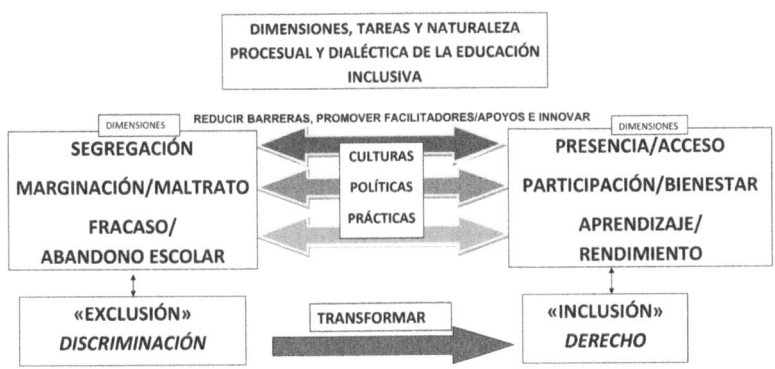

Concreción de la educación inclusiva en un centro escolar.

La naturaleza procesual y el valor de la inclusión

Si he dicho más arriba que la *primera tarea* para el desarrollo de una educación más inclusiva en los centros escolares sería reconocer dónde se encuentran las barreras que limitan la articulación justa de la presencia, la participación y el aprendizaje de todo su alumnado, la *segunda tarea* no puede ser otra que la de ponerse en marcha y sostener los procesos para transformar dichas barreras en facilitadores o apoyos para la inclusión. Esto es, la educación inclusiva no es una meta o un rasgo puntual que se tiene o deja de tener. Es, en esencia, el *proceso* de desarrollo o mejora escolar específico de cada comunidad educativa comprometida con los valores que la sostienen y, en consecuencia, constituye una tarea sin fin, continua, *interminable*, que empuja a una revisión y un análisis constantes de cuanto ocurre en cada centro. Este es, por cierto, el único sentido en el que cabe calificar a un centro como *inclusivo*. En esta línea, las reflexiones de Booth y Ainscow (2015, p. 31)[19] son muy elocuentes, de modo que no puedo dejar de resaltarlas:

> En el vestíbulo de entrada a muchos centros escolares es frecuente encontrar una declaración de la misión, la visión y los valores del centro, y en algunos casos los documentos, los escudos y las placas que certifican que el centro tiene acreditados determinados estándares de calidad por un organismo externo, en relación con asuntos como la promoción de los derechos, la salud, la buena organización, el medioambiente o la inclusión.
>
> Nos hemos preguntado si existe una incompatibilidad entre la concesión de un premio para los valores inclusivos y la inclusión o, dicho en otros términos, si es necesario «premiar» este esfuerzo. Para nosotros, la puesta en acción de los valores inclusivos se convierte en la principal recompensa para iniciar y sostener todo el trabajo, complejo, difícil y en ocasiones controvertido que supone tratar de orientar las prácticas educativas con una orientación inclusiva…
>
> Por eso no es deseable un certificado que sugiera que el centro ha alcanzado un destino final en cuanto a la inclusión. Los centros escolares siempre están cambiando; los estudiantes y el personal llegan y se marchan; aparecen nuevas formas de exclusión; se movilizan nuevos recursos. La inclusión es un proceso sin fin, «una historia interminable». En el único sentido en el que sería deseable proclamar a un centro escolar

---

19. Booth, T. y Ainscow, M. (2015). *Guía para una educación inclusiva. Desarrollando el aprendizaje y la participación en los centros escolares.* FUHEM/OEI. https://www.equidei.es/guias-y-voces-para-el-desarrollo-de-una-educacion-mas-inclusiva

como inclusivo es cuando se compromete firmemente con la sostenibilidad de un proceso de mejora escolar guiado por valores inclusivos.

Como se puede apreciar, de lo que estamos hablando es de un proceso que se extiende en el tiempo y que debería formar parte de una dinámica de mejora escolar constante, curso tras curso. No es una tarea fácil, ni exenta de conflictos y dilemas, sino todo lo contrario. De hecho, cabría decir que el aspecto más definitorio de la naturaleza de este proceso es, precisamente, su *carácter dilemático*, por cuanto están continuamente en conflicto derechos individuales y decisiones escolares que nunca dejan satisfechos plenamente a todos los implicados: educadores, alumnado, familias, Administración...

En efecto, entiendo muy bien y conozco de primera mano la complejidad a la que se enfrentan muchos docentes que, aun compartiendo el marco que estoy planteando, deben tomar decisiones imperfectas a la vista, no solo de las necesidades educativas complejas de su alumnado, sino también de los, por lo general, pocos recursos o apoyos con los que cuenta para ello; en ocasiones, muy escasos como consecuencia de políticas educativas nacionales no alineadas con la meta de una educación más inclusiva. Por otra parte, lo que puede ser positivo y necesario para algunos alumnos o alumnas (una organización de aula o una determinada *situación de aprendizaje*), puede resultar superficial, desajustada o improcedente para otros con igual derecho a que sus necesidades educativas sean tomadas en consideración. En estos dilemas, es incuestionable que todos deben perder algo para ganar algo también, pero lo que es tremendamente injusto es que algunos siempre pierdan y sufran, mucho más de lo razonable, por culpa de barreras que los discriminan en particular. Sobre estos *dilemas* volveré más adelante, en el capítulo quinto, junto con el análisis de las *turbulencias* que la mayoría de los viajes que valen la pena traen consigo.

El marco de referencia que he compartido en este capítulo nos hace *pensar* de una determinada manera sobre la diversidad humana, a fin de que la veamos como algo positivo, que nos enriquece y que nos hace ser más humanos. Nos obliga, también, a *hablar* de ella de forma que se contribuya al reconocimiento de la igual dignidad de todo el alumnado, y dirige nuestra atención y planes de *acción* hacia los factores escolares que, mediante la mejora y la innovación, puedan convertirse en oportunidades para generar recursos facilitadores o apoyos para el desarrollo de una educación más inclusiva. No es fácil, ¡lo sé!, pero también debo decir con urgencia que no estamos al albur de las tormentas en este viaje. Tenemos guías y sabemos cómo encontrar apoyos y recursos para no desfallecer. Algo de todo ello será el contenido de los próximos capítulos.

Capítulo 3
Guías para la travesía

Guía para la educación inclusiva y la voz del alumnado

Como resultado de lo comentado en los dos capítulos precedentes, y siguiendo con la metáfora del *viaje* que he elegido para guiar la escritura de este texto, podría decir que, hasta el momento, tenemos un *horizonte* claro hacia el cual dirigirnos y que hemos compartido también un *marco de referencia* que nos permite leer, hablar sobre ello e interpretar las cartas de navegación para tratar de no desviarnos del camino, discerniendo lo que es importante y por qué lo es. Pero salir a mar abierto solo provistos con lo anterior es más que arriesgado, porque, como nos decía Kavafis en su poema Ítaca, «ojalá que el camino sea largo y lleno de aventuras y experiencias, pero también habremos de estar preparados para hacer frente a los lestrigones y a los cíclopes y al colérico Poseidón».[20] He dicho que el horizonte está claro (una educación más inclusiva), pero eso no es suficiente con imaginarlo, porque entre el hoy y el mañana que perseguimos, entre el «mientras tanto» del que hablaba Pepe Mújica, hay mucho territorio que recorrer, muchas islas que explorar y no pocos arrecifes que habremos de saber esquivar. Por esa razón, bienvenidas sean todas las *guías* que nos permitan transitar con la mayor precisión posible por tan complejos e imprevisibles territorios.

20. En la mitología griega, los lestrigones son un pueblo de gigantes antropófagos que vivía en Lestrigonia. Los cíclopes eran los miembros de una raza de gigantes con un solo ojo en mitad de la frente. Poseidón es el dios de los mares (Fuente: Wikipedia).

La metáfora de las *guías* también me parece útil para mis propósitos con este texto. En efecto, una buena guía siempre es bienvenida en un viaje no tasado (a diferencia de aquellos donde otros han decidido por nosotros qué ver, cuándo y cómo), y permite múltiples usos para según qué viajeros. Algunos se sienten cómodos si la tienen en el bolsillo, aunque luego les gusta confiar en su intuición y les atrae el placer del descubrimiento por uno mismo. Solo si surge una urgencia tiran de ella. Otros son muy sistemáticos y prefieren revisarlas casi de cabo a rabo, para no perderse detalles, experiencias o lugares destacados. También los hay que solo se focalizan en un aspecto (lo cultural, o lo práctico, por ejemplo), en una zona concreta, porque el tiempo de visita es limitado, o incluso en algún detalle en particular (la descripción de un monumento). Evidentemente, hay múltiples estilos y tamaños de guías, en función del territorio que explorar, pero también de la *perspectiva* de su autor (pueden ser, por ejemplo, más descriptivas y detallistas o más interpretativas o culturales).

La buena noticia es que tenemos muchas, variadas y ricas guías para que un centro escolar pueda emprender el *viaje de mejora* hacia una educación más inclusiva con cierta tranquilidad. He hablado del *viaje hacia la mejora* porque es preciso insistir en la quintaesencia de este proceso, que no es otra que la de tratar de implementar mejoras escolares e innovaciones educativas que permitan acompasar la ambición de la meta y los valores que sostienen la educación inclusiva con las políticas y las prácticas escolares. No hablamos, pues, de un viaje de recreo, alrededor de un estanque cerrado o para salir simplemente a pocos metros de la costa. Con toda certeza, como ya he dicho anteriormente, y como la Declaración de Salamanca nos recuerda constantemente, sin cambios profundos y sistémicos en nuestros vigentes sistemas educativos (que todavía se pueden calificar como muy excluyentes si consideramos el marco de referencia propuesto), la frustración estará servida.

Me he referido a la existencia de múltiples guías, pero por razones de espacio y concreción me centraré en una que conozco bien. No obstante, al final señalaré otras y dónde pueden encontrarse. La que comentaré es la que en español conocemos como *Guía para la Educación Inclusiva. Desarrollando el aprendizaje y la participación*, cuyos autores son Tony Booth y Mel Ainscow. Internacionalmente se la conoce como *Index for Inclusion* y su difusión y reconocimiento internacional ha sido amplísimo, hasta el punto de que ha sido traducida a más de treinta idiomas.

Se trata de una guía que ha alcanzado su cuarta edición, la última del año 2016, aunque en español se publicó la tercera en 2015. Digo que la conozco bien porque, junto con colegas de diversas universidades españolas, nos agrupamos en su día alrededor de lo que acordamos llamar Consorcio para la Educación Inclusiva,[21] y entonces ya nos encargamos de traducir, adecuar al español y difundir la segunda edición (cuyo original era del año 2002), igual que recientemente hemos hecho con la tercera edición. Esta será la que ahora analizaré y comentaré.

¿Qué es, qué no es esta guía, este *Index*? ¿Cuál es su estructura? ¿Cómo se espera que pueda usarse? Como *Index* («algo que señala, indicador, lista, descubridor») es una palabra latina y, por ello, guarda relación con nuestro idioma, además de que sus significados son muy pertinentes para la tarea, me daré la licencia de usarla en este texto, habida cuenta, por otra parte, de que es la abreviatura con la que internacionalmente se la conoce. Lo primero y obvio que debemos señalar es que esta guía, este *Index*, no es un fin, sino un *facilitador* de la reflexión, un medio para promover procesos de autorreflexión y mejora, de forma colaborativa, a partir de unos principios compartidos, en los que han de participar, a ser posible, todos los miembros de la comunidad educativa. No hay mejora ni innovación que valga la pena si no parte,

21. Véase: https://www.equidei.es/consorcio-educaci%C3%B3n-inclusiva

antes o después, de un profundo, cuidadoso y sistemático proceso de reflexión compartida para poner en relación en un centro escolar (y en otras organizaciones), lo que se quiere con lo que se hace. Ahora bien, no se trata de reflexionar en vacío o solamente sobre lo que pensamos, sino de pensar y reflexionar sobre *evidencias* que nos hablen de hasta qué punto la cultura de centro, las políticas o el currículo que allí se está implementando (qué, cómo, dónde, con quién y cuándo enseñar y evaluar), se configuran, o no, como facilitadores o como barreras del aprendizaje y del rendimiento de todo su alumnado.

El *Index* (como toda buena guía), lejos de establecer una trayectoria inamovible con pasos preestablecidos que todos los centros por igual deben seguir, es un documento flexible y abierto, encaminado a ayudar a cada centro a establecer sus prioridades y líneas de mejora. Como el lector podrá comprobar, si tiene la curiosidad de descargársela, esta guía posee un importante conjunto de indicadores (con sus respectivas preguntas) para facilitar la exploración de un amplio conjunto de valores y elementos que configuran la vida de un centro escolar y que, como se recordará del capítulo dos, se agrupan en torno a las culturas, las políticas y las prácticas. En este sentido, la propuesta de uso que nos hacen sus autores no es analizar todos y cada uno de los indicadores y preguntas existentes antes de *ponerse en marcha*. Esto sería no solo una tarea larga y abrumadora, sino que también traería asociada la sensación de tener, seguramente, tantas *barreras* a las que hacer frente que daría pie a una actitud paralizante mucho antes de pensar qué es prioritario y cómo se van a acometer las mejoras.

Como señalé al inicio del capítulo, el *Index* debe utilizarse, nunca mejor dicho, como si fuese una guía para visitar una ciudad o un país, que nos permite seleccionar aquellos lugares que en un momento determinado *se desea visitar* (prioridades para la mejora), dejando abierta la posibilidad de *volver en otra ocasión* para explorar nuevos lugares. Puede que en un centro solo se considere útil una parte del *Index* o, incluso, un solo indicador o una única pregunta para iniciar el proceso cíclico de investigación-acción (reflexión y diálogo sobre preocupaciones del centro, búsqueda de evidencias, introducción de cambios, revisión y vuelta a empezar), que lleva implícito el modelo del *Index* y que, en lo fundamental,[22] comparte con el modelo de investigación acción participativa.

En la tercera y cuarta edición del *Index* se incorporan dos novedades importantes, respecto a las dos anteriores, relacionadas, la primera, con el prominente papel que se da a *ciertos valores* como fundamento y motivación para la mejora, y, la segunda, con las cuestiones de la *sostenibilidad del planeta*. Ciertamente, avanzar hacia centros y aulas inclusivos no es en absoluto sencillo; de hecho, lo que reconocemos más bien es su naturaleza compleja, dilemática y, por tanto, éticamente controvertida. En este sentido, la investigación disponible nos dice que las principales condiciones que facilitan no solo la puesta en marcha, sino también el mantenimiento de los procesos de innovación y mejora necesarios, no son del dominio técnico ni están relacionadas con medios materiales, incentivos económicos o condiciones laborales (aun siendo todas ellas importantes y necesarias), sino éticas y relativas a valores. Será la fortaleza de los valores y los principios éticos del profesorado los que determinen, en gran medida, las posibilidades de avanzar y mantenerse firme a pesar de las difíciles circunstancias en las que, habitualmente, se desarrolla su tarea docente. Los valores son también, en este contexto, una guía para caminar hacia la inclusión: nos impulsan hacia delante, nos dan un sentido de dirección y definen nuestro destino. Evidentemente, determinadas concepciones y valores no solo mantienen culturas, políticas y prácticas escolares hacia la escolarización inclusiva, sino que también se ven

22. Alonso, M., Rascón, M. T., Calderón, I. y Comunidad Educativa del CEIP La Parra. *Cómo hacer investigación acción participativa*. https://www.ignaciocalderon.uma.es/como-hacer-investigacion-accion-participativa

influidos por todas ellas. Por ello, explicitar y compartir valores inclusivos y analizar hasta qué punto nuestras acciones son coherentes o reflejan esos valores, poniendo en marcha procesos para acortar esa distancia, es el quid del proceso de trabajo colaborativo al que se nos invita desde el *Index.*

¿De qué valores estamos hablando? El marco de valores propuesto diferencia entre aquellos que hacen más hincapié en las «estructuras» (igualdad, derechos, participación, comunidad y sostenibilidad) y los que tienen que ver con las «relaciones entre las personas» (respeto a la diversidad, no violencia, confianza, compasión, honestidad y valor). Un tercer grupo se vincula a la tarea de «alimentar el espíritu humano» (alegría, amor, esperanza/optimismo y belleza). En todo caso, todos estos valores están interrelacionados y, unos y otros, afectan en algún grado a las estructuras, se refieren a las relaciones y tienen una conexión espiritual.

Según Booth y Ainscow, de todos estos valores hay cinco que pueden contribuir de una forma especial a establecer estructuras, procedimientos y actividades inclusivos: *igualdad, participación, comunidad, respeto a la diversidad y sostenibilidad*. El resto son importantes en la medida en que resaltan qué tipo de educación queremos. ¿Qué sería de la educación, por ejemplo, sin confianza, honestidad, coraje o compasión? ¿Qué ocurriría si no hubiese alegría, amor, esperanza o belleza?

Como acabo de señalar, la *sostenibilidad* es, ciertamente, un valor imprescindible, pues está ligada al futuro de nuestro planeta. En efecto, es urgente llevar a las personas hacia una nueva relación con el medioambiente si se quieren preservar los recursos para vivir. Estas reflexiones son ahora tan imprescindibles como la necesidad de evitar el racismo y otras situaciones discriminatorias (antigitanismo, machismo, homofobia, transfobia, etc.). No en vano, los Objetivos para el Desarrollo Sostenible (ODS) que Naciones Unidas ha fijado para 2030 tienen en este valor central uno de sus principales ejes vertebradores. En el marco de esta preocupación medioambiental, esta edición del *Index* se ha atrevido con la tarea de forzarnos a pensar cómo debería ser un *currículo inclusivo*, el cual debería ser, en primera instancia, un *currículo para la sostenibilidad*.[23] A tal fin, formula, de entrada, una breve propuesta alternativa a la estructura tradicional de materias del currículo, centrada ahora en ámbitos de competencia más próximos a las necesidades de una sociedad que tiene que revertir la insostenible tendencia actual en materia medioambiental y social: la comida, el agua, el transporte, el entorno, la energía, las tecnologías o la ética y la gobernanza mundial. Por ello, dedica toda una nueva «sección», dentro de la dimensión «Desarrollar prácticas inclusivas», a esta preocupación para la sostenibilidad, bajo el epígrafe «Construyendo un currículum para todos».

Por lo demás, tanto la tercera como la cuarta edición repiten, en esencia, la estructura que ya tenían las anteriores. Esta organizada en tres grandes bloques temáticos: el primero incluye el enfoque y perspectiva que los autores tienen sobre la educación inclusiva, del cual cabe destacar, como he apuntado, las reflexiones sobre el papel de los valores en el proceso de mejora escolar y, precisamente, cómo entenderlo. El segundo contiene orientaciones y sugerencias sobre cómo usar *el Index* para *pasar a la acción*, organizado en torno a ejemplos, orientaciones prácticas y pautas sobre cómo trabajar con equipos educativos para que inicien y sostengan ciclos continuos de reflexión, planificación de la mejora, acción y *vuelta a empezar*. El tercer bloque es el que contiene la original estructura del *Index* con sus *Dimensiones, Secciones* y *Preguntas*. Todo ello está orientado a poner a disposición de los docentes un rico y diversificado abanico de contenidos (formulados precisamente a modo de preguntas), que se asocian positivamente con el desarrollo de *culturas, políticas* y *prácticas* inclusivas. Conviene recor-

---

23. Una tarea a la que organizaciones como Ecologistas en Acción también han prestado atención https://www.ecologistasenaccion.org/18791/99-preguntas-y-99-experiencias-para-vivir-en-un-mundo-justo-y-sostenible

dar que el *Index* es una guía construida desde la experiencia y la práctica, sobre el análisis de muchos centros educativos (originariamente en el Reino Unido) que, a juicio de Booth y Ainscow, desarrollan o desarrollaban esas culturas, políticas o prácticas inclusivas.

Como complemento, la obra incluye, en primer lugar, una serie de *cuestionarios tipo* pensados para ser usados por parte de docentes, directivos, alumnado o las propias familias y para los cuales los autores han seleccionado aquellas preguntas que consideran más relevantes para poder facilitar una exploración rápida sobre esos tres planos interdependientes en los que, como he señalado varias veces, cabe ordenar la vida escolar: las *culturas*, las *políticas* y las *prácticas*. No son cuestionarios con validez psicométrica, que permitieran sacar una *puntuación en inclusión*, ni es esa la intención de sus autores. Son, una vez más, oportunidades para que una comunidad educativa analice su realidad y reflexione sobre ella a la luz de sus propias evidencias y de la importancia que para cada cual pueda tener el desarrollo de los valores y principios de la inclusión. Por supuesto, los cuestionarios se han de adaptar a la realidad de cada contexto (local o nacional), como el resto de las propuestas del *Index,* a fin de que sean coherentes con lo propio e idiosincrático de cada comunidad educativa y empezando por el idioma y los términos educativos propios de cada país.

Tal vez esta exhaustividad del *Index* ha echado para atrás a algunos equipos docentes a la hora de apoyarse en él para sus proyectos de mejora. Se me antoja una actitud un tanto extraña (¡pero ciertamente frecuente!), que me hace pensar en el paradójico símil de una familia que, a la vista de la guía turística de un hermoso lugar, muy abultada por lo detallado de su contenido, decidiera no emprender el viaje previsto. Mi experiencia me dice que unas pocas preguntas, incluso una sola, tiene el potencial de facilitar la reflexión tanto sobre algún asunto importante para el desarrollo de proyectos educativos inclusivos como para comprender ese carácter sistémico que deben tener la exploración y los planes de acción. Un ejemplo servirá para entender de qué estoy hablando.

La dimensión A, «Construyendo comunidad», tiene una primera sección dedicada a explorar si «Todo el mundo es bienvenido». Entre las múltiples cuestiones en las que desgrana este relevante aspecto de cualquier centro que se precie de ser inclusivo, la tercera dice: «¿El centro escolar da la bienvenida a todos los padres o tutores del alumnado y a otros miembros de la comunidad?». A partir de esa formulación o de otra parecida que a un equipo docente le pareciera más ajustada, se puede desencadenar (y mi experiencia lo corrobora), una importantísima reflexión para analizar la *cultura*, las *políticas* y las *prácticas* del centro respecto de la participación de las familias. En este sentido, como bien sabemos, sería muy propio de un centro inclusivo valorar y promover la participación de las familias en múltiples niveles de la vida de aquel, algo que tras de sí tiene los valores de confianza y seguridad de *estar todos del mismo lado*. A medida que esos valores se consolidan, se va creando, en efecto, una *cultura*, un modo de pensar y de hacer en el centro que se concreta, por ejemplo, en su *política* de amplio acceso y participación de las familias. Esta suele ser tal que facilita y promueve que madres o padres puedan entrar y salir con naturalidad del centro, sin miedos ni recelos por parte de unos o de otros (docentes y familiares), así como proponer y desarrollar actividades en, con y para el centro escolar. En consecuencia, no es extraño observar en las aulas, con relativa frecuencia, *prácticas* que conllevan la presencia de familiares, bien en calidad de voluntarios de apoyo al profesorado, bien realizando actividades para los alumnos, coordinados y supervisados, obviamente, por los docentes.[24] ¿Tiene nuestro centro estas culturas, políticas y prácticas? Si la respuesta es

24. Un ejemplo inspirador de todo ello puede verse en el CEIP Manuel Núñez de Arenas, en Madrid: https://ceipmanuelnunezdearenas.blogspot.com. Otros ejemplos de culturas y políticas escolares colaborativas pueden verse también en los centros que forman la red Khelidon: https://khelidon.org

«no» (que, obviamente, puede ser un «no» relativo), entonces las siguientes preguntas son: ¿por qué no?, ¿querríamos cambiar?, ¿qué podríamos hacer? o ¿en qué aspectos se podría ir concretando una mayor participación de las familias?

Dado que la vida escolar se parece a lo que ocurre cuando comemos cerezas, que, cuando coges una otras salen entrelazadas, lo frecuente es que esta reflexión, sus análisis y sus propuestas de acción lleven aparejadas, antes o después, ideas, preguntas y mejoras en otros ámbitos afines, del estilo: ¿nos preocupamos en el centro por dar la bienvenida a aquellos que han sufrido exclusión o discriminación?, ¿cómo recibimos en el centro a los estudiantes que, por razón de una sanción, han sido expulsados del centro temporalmente: con compasión, con reproches, o con indiferencia?

El *Index* puede ser utilizado, con la flexibilidad que estoy proponiendo, en todas las etapas educativas, aunque hay una versión específica para llevar a cabo esta exploración sistemática en la etapa de la Educación Infantil y también se han hecho instrumentos inspirados en el *Index* para usarlos en la educación de personas adultas y en la educación superior.[25] Una y otra la podrían y deberían utilizar centros tanto públicos como concertados, pues, a pesar de que estos últimos suelen tener mejores condiciones para implementar los equipos de reflexión que tiene que haber tras todo el proceso, nada impide a los centros públicos, ¡ni mucho menos¡ hacer lo mismo, dicho lo cual sería más que necesario que las Administraciones educativas competentes facilitaran también esta tarea si realmente estuvieran comprometidas (como a veces dicen estarlo) con una mejora hacia la inclusión.

Ninguna guía te hace los preparativos del viaje, ni te compra los billetes, ni te consuela en los contratiempos, pero puede ayudarte a resolver algunos. Con el tiempo me ha venido siempre a la memoria el supuesto dicho de Confucio: «Cuando el dedo señala la luna, algunos se quedan mirando

---

25. https://www.equidei.es/consorcio-educaci%C3%B3n-inclusiva

al dedo». Lo importante en todo este proceso no es «el dedo» que señala (la guía, en este caso), sino la actitud de indagación y mejora con un horizonte claro («la luna, la inclusión»).

Hasta aquí he querido recordar que tenemos a nuestro alcance una buena guía para el viaje hacia una educación más inclusiva y he resumido y resaltado lo más relevante de la misma, con la esperanza de suscitar la curiosidad necesaria para dar los dos clics en el ordenador que nos llevarían a ella. En todo caso, y parafraseando el refrán, yo diría que «otros caminos también conducen a Roma».

En efecto, en estos años se han desarrollado, experimentado y difundido múltiples guías que convergen, explícita o implícitamente, en el objetivo de facilitar, desde distintos puntos de vista o ámbitos, el desarrollo escolar hacia culturas, políticas y prácticas más inclusivas. En la página web de equipo de investigación al que pertenezco, EQUIDEI (Equidad, Diversidad y Educación Inclusiva),[26] hemos ubicado más de veinte de estas guías, además, obviamente, del propio *Index* y sus distintas ediciones, versiones y traducciones (hay una versión en catalán con un soporte informático muy valioso y otra en euskera que resalta por su cuidada edición bilingüe). Algunas queridas colegas[27] que también trabajan en este ámbito han revisado y analizado otros instrumentos semejantes o incluso inspirados en el *Index*, lo que viene a reforzar la idea de que no andamos faltos de recursos en este sentido. Sería a la larga tedioso presentarlos y resumirlos, uno a uno, cuando lo importante es la actitud de fondo que por fuerza sostiene el uso de cualquiera de ellos: tratar de mejorar la coherencia entre lo que decimos desear y lo que hacemos realmente en materia de educación para la inclusión. Porque, como bien dice el eslogan de un movimiento

---

26. https://www.equidei.es. Vaya en esta referencia todo mi cariño a quienes forman el grupo.

27. Sandoval, M., Muñoz, Y. y Márquez, C. (2021). Supporting schools in their journey to inclusive education: review of guides and tools. *Support for Learning*, 36(1). DOI: 10.1111/1467-9604.12337

reciente, lo importante de la educación inclusiva no es tanto quererla como crearla.[28]

Sin duda alguna, todas estas guías pueden ser de mucha ayuda a cualquier equipo docente que quiera llevar a cabo una revisión de sus culturas, sus políticas o sus prácticas. Pero, aparte de todas ellas, en los últimos años ha crecido la importancia estratégica de *escuchar la voz del propio alumnado*, pues ello puede arrojar mucha luz sobre múltiples aspectos de la vida escolar (desde lo más superficial hasta cuestiones vinculadas al aprendizaje y la enseñanza), susceptibles de ser mejorados con un horizonte inclusivo. A este enfoque se le conoce en la literatura especializada como *voz del alumnado*, y en nuestro país la profesora Teresa Susinos y el equipo que lidera en la Universidad de Cantabria es un referente indiscutible.[29] Es fácil encontrar sus trabajos en la red, trabajos que abarca desde una precisa *cartografía* de ese territorio específico hasta múltiples y ricos ejemplos para su puesta en acción, sin obviar sus limitaciones y desafíos.

He dicho que se trata de una aproximación reciente hacia la mejora escolar, pero no debemos olvidar lo ya mencionado: que el *derecho* de los niños y niñas a ser escuchados en todos los temas que los afecten está reconocido y amparado por la Convención de los Derechos del Niño, que Unicef promovió en 1989. Lamentablemente, al igual que les ocurre a otros derechos sociales, casi todos los que en dicha Convención se establecen se interpretan, con suma frecuencia, como simples *principios* aplicables de manera graciable, y no como auténticos «instrumentos jurídicos que poseen justificación moral».[30] Lo que ahora quiero destacar es que los estudiantes nos están hablando continuamente, sea de forma directa o indirecta (por ejemplo, a través de su comportamiento), de

---

28. https://creemoseducacioninclusiva.com
29. https://inclusionlab.unican.es/author/inclusionlab1
30. Asís, R., Bariffi, F. y Palacio, A. (2007). Principios éticos y fundamentos jurídicos. En: De Lorenzo, R. y Cayo, L. (dir.). *Tratado sobre discapacidad* (pp. 83-114). Thomson/Aranzadi.

lo que les motiva o les aburre; de lo que les hace dar un sentido personal a su aprendizaje o de lo que les frustra y hace desconectar. Fomentar las oportunidades para que esa *voz* sea tenida en consideración (que es lo mismo que decir que puedan *participar* plenamente en los asuntos que les conciernen), constituye una potentísima fuente de *evidencias* para el cambio. Por otra parte, la mayoría de las guías que he mencionado, empezando por el *Index*, plantean la absoluta necesidad de que se promueva la participación del alumnado en los procesos de recopilación de evidencias, análisis y propuestas. Claro está que esto es una pequeña revolución y que representa una gran duda para muchos docentes: ¿acaso van a saber más los niños que nosotros sobre lo que les interesa? No es ese el enfoque; no es cuestión de quién sabe más o menos, sino de ayudarnos a dudar, a mirar con distancia y con serenidad, lo que hacemos como docentes y que nos parece «normal», para valorar su impacto real, en términos de inclusión, sobre el destinatario final de nuestro trabajo. Porque hace tiempo que el profesor Pablo Gentili, en su maravilloso texto *Un zapato perdido*,[31] ya nos hacía ver que:

> Reconocer o percibir acontecimientos es un forma de definir los límites arbitrarios entre lo «normal» y lo «anormal», entre lo «aceptable» y lo «rechazable», lo «permitido» y lo «prohibido»… La «anormalidad» vuelve los acontecimientos visibles, cotidianos, al tiempo que la «normalidad» tiene la facultad de ocultarlos. La exclusión es hoy invisible a los ojos porque se ha vuelto algo normal…

No hace mucho, una buena amiga y colega chilena, Marcela Villegas, que trabaja asesorando a centros para el desarrollo de una educación más inclusiva, comentaba en su muro de Facebook la *anécdota* que le había ocurrido hacía poco en un colegio, y que guarda relación con lo que estoy comentando.

---

31. Gentili, P. (2001). Un zapato perdido. *Cuadernos de Pedagogía*, 308, 24-30.

Se encontró en el baño con una alumna del colegio en el que estaba de visita, y la niña, de unos 12 años, le preguntó:

«¿Vd. quién es: mamá o profesora nueva?». «Yo (respondió mi amiga) soy una profesora que viene a trabajar con vuestros profesores». «¿Y a Vd. la escuchan?». «Espero que sí. ¿Por qué?». «Dígale al director que nos faltan juegos en el patio. ¿Puede?». «Claro que sí, se lo diré». «Ya…, gracias, que le vaya bien». *Gracias a la vida*, pensó mi amiga.

Desde los juegos que los niños echan en falta en el patio hasta cómo hacer para que en las clases todos participen, hay muchos ámbitos en los que la infancia tiene mucho que decirnos, y muy sensato, con vistas a una mejora inclusiva. Se trata de que nosotros los docentes queramos, realmente, escucharlos.

Por nuestra parte, en estos últimos años hemos llevado a cabo dos proyectos[32] en los cuales académicos y docentes de varios países europeos (Portugal, Reino Unido, Dinamarca, Austria y España) hemos unido dos potentes palancas para el cambio hacia prácticas más inclusivas; *escuchar la voz del alumnado* sobre los procesos de enseñanza y aprendizaje que les están ofreciendo su profesorado y utilizar esas propuestas como *input* para la planificación colaborativa de clases más inclusivas a través de la estrategia conocida como *estudio de clases* (*lesson study*). Los resultados ponen de manifiesto que ¡claro que es posible! implementar lecciones/clases con las que llegar a todos los estudiantes, incluidos aquellos a los que habitualmente nos cuesta llegar.

---

32. Proyecto *Responding to diversity by engaging with students' voices: A strategy for teacher development* y Proyecto *REHARE: Reaching the Hard to Reach*. La información y los variados y útiles recursos derivados de ambos proyectos están disponibles en la web de EQUIDEI.

Capítulo 4

Condiciones para una navegación segura

*Competencias profesionales y condiciones escolares que
sostienen las culturas, políticas y prácticas inclusivas*

Estamos viendo que el viaje propuesto tiene más complicaciones que las que inicialmente uno podría suponer. Se necesita una *meta*, un *marco de referencia,* un lenguaje con el cual saber cómo entender e interpretar las *cartas de navegación* y las *guías* que pueden sernos de utilidad para llegar a buen puerto. Pero tras los preparativos, ¡hay que ponerse en marcha! y estar en condiciones de sostener una navegación segura y larga. Este asunto de las *condiciones escolares* para iniciar y sostener procesos de mejora (en este caso, la travesía hacia una educación más inclusiva), es un contenido central en el cual han invertido mucho esfuerzo quienes, justamente, se han dedicado a investigar los procesos de mejora e innovación escolar. A pesar de que ya tiene algunos años, sigo considerando de gran utilidad el trabajo que en su día publicaron Ainscow, Hopinks, Southworth y West (2001),[33] por cuanto no solo hacen un análisis claro y preciso de tales condiciones escolares para la mejora escolar, sino que también ofrecen a los docentes estrategias formativas para aprender a mejorarlos. Recuérdese que he señalado ya varias veces que la educación inclusiva solo avanzará significativamente sí, y solo si, se pone en marcha una transformación profunda de los sistemas educativos excluyentes que ahora tenemos.

---

33. Ainscow, M., Hopkins., Southworth, G. y West, M. (2001). *Hacia escuelas eficaces para todos: manual para la formación de equipos docentes.* Narcea.

Si en el primer capítulo he resaltado el *carácter sistémico* de esta ambición (lo cual supone decir que atañe a todos los elementos en interacción y mutua dependencia que configuran un sistema educativo), es lógico anticipar que dicha transformación debe ser igualmente sistémica. Si ello es así, es fácil intuir que no todos los elementos que configuran un sistema educativo se transformarán o cambiarán como resultado de los mismos principios o estrategias, aunque también hay aspectos comunes en todos ellos que merece la pena resaltar. Por ejemplo, los expertos en estas cuestiones del cambio siempre han reconocido que este es el resultado de una sofisticada combinación de *presión más apoyo*. Espero que entiendan que no pueda entrar pormenorizadamente en el análisis de todos los aspectos específicos que atañen al cambio y la mejora en distintos ámbitos y que me centre, justamente, en lo común, si bien es cierto que a costa de quedarme en la primera capa de una empresa de múltiples niveles.

En efecto, nada ni nadie cambia si no se ve presionado por algo que tenga la fuerza suficiente para vencer la inercia y la resistencia natural a los cambios, pues, por lo general, los seres humanos y las organizaciones tendemos a la homeostasis, es decir, al mantenimiento del *statu quo* (personal, familiar, social). Por ejemplo, un país percibirá socialmente la necesidad de una reforma de su sistema educativo si los resultados de las evaluaciones internacionales sobre rendimiento (que tanta preponderancia tienen en los últimos años en la opinión pública) lo sitúan por muy debajo de sus vecinos o muy lejos de la excelencia. Esa *presión* social puede ser, obviamente, algo que los políticos de turno no podrán eludir y que, de una u otra manera, los llevará a moverse, a proponer reformas o cambios de mayor o menor calado. En la escala del centro escolar, una *presión* parecida es la que sentirá un equipo docente si piensa que sus políticas y prácticas no están a la altura de sus valores educativos o si, por ejemplo, perciben un aumento significativo de problemas de convivencia en el centro que han trascendido a las familias. Cualquier buen profesor o profesora se lleva a casa con regularidad la preocupación y la *presión* por hacer algo diferente cuando observa que, de forma sistemática, alguno de sus alumnos no aprende a pesar de sus esfuerzos.

Reconocer, entonces, que *sin presión* de algún tipo, externa o interna, no se suele cambiar, no se traduce de modo inmediato en criterios precisos para saber qué tipo de presión resultará más efectiva y cómo manejarla: ¿cómo manejar la presión social para lograr una reforma educativa que no sea simplista o cortoplacista?, ¿cómo canalizar la necesidad de cambio percibida en el centro: a través de una consulta amplia a su comunidad educativa o mediante proyectos puntuales promovidos desde la dirección? Las iniciativas que está manejando el buen docente del que hablo para tratar de mejorar el aprendizaje de ese alumno desafiante ¿serán igualmente beneficiosas para el resto de los compañeros? No creo que nadie tenga la respuesta exacta, técnica e infalible a estos interrogantes, lo cual me hace pensar que una clave radica en crear *condici*ones *favorables* para hacer frente a estos interrogantes y dilemas de forma reflexiva y colaborativa.

Cuesta hablar de presión para el cambio sin mencionar aquello que actuará como *resistencias* frente a él. Sin lugar a dudas, estas son muchas, empezando por la extendida actitud general hacia el cambio que bien refleja nuestro refranero: «Más vale malo conocido que bueno por conocer» y que, tal vez, históricamente ha hecho a algunos algo más conservadores que a otros. Pero no me gustan nada las atribuciones *esencialistas* (ubicadas en la persona, sus rasgos o su cultura), como explicación causal de procesos complejos y multidimensionales. Porque está claro que existen otros muchos factores que, al no propiciar el cambio, actúan como fuertes resistencias o *barreras* frente a este. Por ejemplo, la *formación inicial* que ofrecemos a los futuros docentes, que sigue siendo, mayoritariamente, muy deficiente en lo tocante a facilitar las competencias propias de un profesional preparado para la innovación o la mejora con un horizonte inclusivo.

También influye el débil grado de colegialidad y colaboración docente que existe en muchos centros, desde la Educación Infantil hasta la Universidad, donde aquello de que «cada palo aguante su vela» es moneda de curso habitual. Por desgracia, muchos docentes aún conservan esa actitud de considerar *su aula* como una suerte de *jardín privado* (¡y secreto!), en el cual, lo que allí ocurra, para bien o para mal, está al albur de su propia capacidad y consideraciones. Pero incluso quienes están dispuestos y tienen ganas y conocimientos para implementar los cambios necesarios para una mejor educación para todos se han de enfrentar a un modelo de *ordenación escolar* que concede poca importancia a los tiempos para la reflexión y el trabajo colaborativo de los equipos docentes. Las horas «sin tiza» (como a veces se llaman entre los docentes a las horas complementarias de su horario laboral) siempre son escasas y, encima, en no pocas ocasiones, son mal utilizadas o aprovechadas, lo que resulta una combinación fatal para el cambio. Mi amiga y compañera de universidad, experta en temas educativos, la profesora Elena Martín, decía en un reciente artículo que el profesorado debería tener tantas horas disponibles para el trabajo en equipo con sus compañeros y compañeras como horas de docencia. Esta *resistencia,* institucionalizada en nuestro sistema educativo, no es algo insignificante a la hora de afrontar los cambios que requiere un sistema educativo que pretende mejorar sus niveles de equidad.

Pero, obviamente, esta no es la única resistencia, pues otros mecanismos también operan contra el cambio. Por ejemplo, el avance hacia el cumplimiento del *derecho* a una educación inclusiva del alumnado considerado con necesidades educativas especiales (por lo general, asociado a condiciones de (di≠)Capacidad) pone en tela de juicio la existencia de centros de educación especial (al menos, tal y como ahora están concebidos). Vistos desde el análisis de su papel en los procesos de cambio (y sin entrar ahora en otras consideraciones), es indudable que estos centros son un *poder establecido* que maniobrará (como, de hecho, ya está haciendo en varios lugares de España[34] y otros países) para mantener su *statu quo*. Sin embargo, junto a ello también está la *legitimidad* de unas leyes elaboradas antes de que se reconociera dicho derecho (mediante la Convención de los Derechos de las Personas con Discapacidad, en vigor en España desde 2008), y que el legislador se muestra por ahora reacio a cambiar. Tampoco podemos pasar por alto el hecho de que también actúa como una resistencia notable la *falta de evidencias fuertes* (no solo basadas en la ética), sobre los *beneficios* de una educación más inclusiva para todos frente a los *costes* que tendría el cambio (vista la cuestión desde una perspectiva *utilitarista*, esto es, de análisis costos/beneficios). Finalmente, lo más evidente es el hecho de *lo funcional* que, en último término, resulta hoy por hoy para el sistema general contar con espacios, grupos, aulas y centros especiales o singulares a través de los cuales *liberar la presión* que sobre el sistema educativo ejerce nuestra común aspiración de una escuela de calidad para todos y con todos. En la actualidad, sin esas *válvulas de escape* para el alumnado más desafiante respecto al *statu quo* existente, como las han calificado algunos colegas, el sistema colapsaría, porque la mayor parte del profesorado no sabría qué hacer con ese alumnado en sus aulas. En este sentido, parece sensato pensar que, para intentar vencer las resistencias señaladas, haría falta promover acciones que presionasen hacia el cambio en esos mismos planos: mostrar resultados valiosos, reducir los poderes fácticos de algunos operadores educativos, ofreciendo en paralelo un nuevo rol a los centros de educación especial,[35] y generar nuevas legi-

34. Véase la campaña «Educación inclusiva sí, especial también» (https://inclusivasiespecialtambien.org). Un análisis crítico sobre ello puede leerse en el trabajo de Rogero-García, J. *et al.* (2022). El nuevo discurso frente a la educación inclusiva en España. *Revista Española de Discapacidad*, 10(2), 35-52. https://www.cedid.es/redis/index.php/redis/article/view/801

35. Véase a estos efectos el trabajo de Echeita, G. y Simón, C. (coord.). (2020). *El papel de los CEE hacia sistemas educativos más inclusivos. Cuatro estudios de casos.* Ministerio de Educación y FP.

timidades (leyes) asentadas firmemente sobre ese derecho. ¡Toda una epopeya!

A este respecto, me viene a la memoria una frase que se me quedó grabada hace tiempo y que fue publicada con motivo del análisis del fracaso del lanzamiento de un nuevo periódico, en los tiempos de la transición, periódico que, de entrada, parecía tener enormes posibilidades de triunfar y hacerse un hueco en el panorama periodístico entonces vigente: «No es suficiente con imaginar una realidad distinta a la que tenemos para cambiarla». Ello me hacer compartir la idea de que tendremos que ser muy diligentes en los análisis de los medios y procesos de presión necesarios para vencer las múltiples resistencias establecidas y ser mucho más incisivos en el análisis de estas de lo que a veces somos, un tanto cegados, muy frecuentemente, por la pasión de nuestros sueños.

Vayamos ahora al segundo componente fundamental de todo proceso de cambio exitoso: *el apoyo* que lo debe acompañar. Si cambiar es difícil y riesgoso, pues supone adentrarse en políticas y acciones que antes no se habían experimentado (como sería, por ejemplo, introducir nuevas formas de organizar el currículo, sea mediante ámbitos o a través de *proyectos*, o implementar estrategias de *codocencia* en el aula para tratar de responder mejor a la diversidad de necesidades educativas del alumnado en ella), entonces es incuestionable que se necesitarán estrategias que minimicen las preocupaciones y miedos naturales que se asocian a lo desconocido. No olvidemos que el miedo y la prevención son mecanismos naturales de defensa y que, por otra parte, el objeto de nuestro trabajo (la educación) es un asunto socialmente muy sensible, asociado a múltiples responsabilidades y con el cual a nadie le gusta *jugar* o experimentar sin un cierto grado seguridad.

¿Qué nos dice la investigación disponible respecto a cómo hacer frente a dichas inseguridades y miedos? Durante estos años he tenido la suerte de trabajar con el profesor Mel

Ainscow en varios proyectos y de conversar con él múltiples veces en torno a estas cuestiones, en las que ciertamente él atesora una gran experiencia y conocimiento.[36] Sus criterios al respecto, plasmados en muchas de sus obras, los puso en acción como director de un ambicioso proyecto realizado en el Reino Unido en las escuelas de la región de Mánchester, denominado *Great Manchester Challenge*,[37] orientado precisamente a mejorar la equidad en el rendimiento de los escolares de la zona en todas las etapas educativas no universitarias. Ainscow nos ha aportado, junto con el resto de los expertos que desarrollaron ese proyecto,[38] algunas lecciones que pueden ser de gran ayuda para avanzar hacia el desarrollo de escuelas inclusivas.

En primer lugar, un hecho incuestionable en todas las Escuelas (en todas las etapas educativas), es que estos disponen de un gran potencial que no aprovechan: «Los centros saben más de lo que utilizan» (conocimientos, experiencias, creatividad…). Este conocimiento, como señala Ainscow, «suele estar atrapado en algunas aulas», pero no se comparte con otros, y no necesariamente porque no se quiera, sino porque en muchas ocasiones no hay coordinación ni información sobre lo que saben hacer otros docentes, ni tiempo para compartirlo (*condiciones escolares* indispensables para la mejora).

En efecto, la forma en la que está diseñada la Escuela a menudo impide compartir el conocimiento y las habilidades disponibles de muchos compañeros, por lo que ven restringidas las oportunidades de conocer prácticas educativas muy buenas y que podrían servir de estímulo o apoyo a otros docentes. Estas se quedan encerradas y desaprovechadas en

---

36. https://dialnet.unirioja.es/servlet/autor?codigo=47495

37. El *Desafío del Gran Mánchester* se refiere no solo a la ciudad, sino a toda el área metropolitana que configura el Gran Mánchester. https://www.gmlp.org.uk/The-Greater-Manchester-educational-recovery-strate

38. Ainscow, M., Dyson, A., Goldrick, S. y West, M. (2013). Promoviendo la equidad en educación. *Revista de Investigación en Educación*, 11(3), 44-56. https://dialnet.unirioja.es/servlet/articulo?codigo=4735222

el espacio privado de cada cual. En definitiva, tendemos a mirar más aquello que nos falta que a valorar y aprovechar lo que tenemos.

En segundo lugar, su investigación destaca como la acción estratégica de mayor importancia a la hora de hacer frente a los desafíos de brindar una educación de más calidad para todos, la vinculada a *fortalecer la colaboración dentro y entre los centros escolares*. Establecer mecanismos de colaboración y *apoyo dentro de un centro escolar* entre los diferentes miembros de la comunidad educativa (por ejemplo, en forma de parejas o tríos de profesores que planifican, desarrollan y evalúan sus programaciones en el marco de los ya mencionados *estudios de clases*)[39] ha demostrado ser la estrategia más eficaz de todas las utilizadas para alcanzar los más que notables progresos que han experimentado la mayoría de centros involucrados en este y en otros proyectos, si no tan ambiciosos como el del *Great Manchester*, sí, en todo caso, también relevantes e inspiradores. Véase como ejemplo el trabajo que desarrolla David Duran y el equipo que dirige en la Universidad Autónoma de Barcelona sobre «aprendizaje entre iguales».[40]

Por otro lado, el *apoyo entre las escuelas* a la hora de compartir experiencias es un recurso valioso para ayudar a identificar necesidades de cambio a fin de avanzar hacia una mayor inclusión y de reflexionar en torno a cómo podemos realizar dichos cambios. En nuestro país hay algunas redes de centros que son un buen ejemplo de lo que comento, como el Sistema Amara Berri en el País Vasco o las extendidas por todo el territorio nacional y bien reconocidas *comunidades de aprendizaje*. Con todo y con eso, cabe resaltar que la colaboración es algo necesario, pero no suficiente y que, por sí sola, no garantiza el desarrollo de políticas y prácticas educativas más inclusivas. En todo caso, en el último capí-

---

39. Pérez, A. y Soto, E. (2022). *Lesson Study. Aprender a enseñar para enseñar a aprender*. Morata.

40. https://webs.uab.cat/grai

tulo describiré algunas de estas políticas y prácticas para no quedarme en el acto de «predicar, pero no dar trigo».

En tercer lugar, se ha puesto de manifiesto con claridad que, para que esta colaboración sea efectiva, es precisa la consolidación de un *liderazgo distribuido*. Este hace referencia a una forma de dirigir los centros escolares en la que el personal directivo comparte responsabilidades y tiene la capacidad de aportar una visión y de ejercer influencia pedagógica y ética sobre la comunidad educativa. Es también el liderazgo que se centra, en buena medida, en la tarea de crear las condiciones escolares que faciliten, precisamente, el trabajo colaborativo del profesorado, esto es, los tiempos los espacios, los incentivos y los apoyos necesarios (incluida el de la propia dirección), para hacerlo eficientemente.

Este liderazgo en el interior de los centros educativos se multiplica y expande cuando cuenta, además, con la *complicidad* y el *apoyo de las autoridades locales*, de forma que la colaboración pueda extenderse más allá de cada centro y abarcar otros centros de la misma localidad, en el marco de lo que en el caso del proyecto del *Great Manchester* se denominaron «familias de centros escolares» («clústeres»), creadas para aprovechar los diferentes conocimientos de cada uno de los centros respecto a problemas o necesidades de otros dentro de su familia. Se trata, en definitiva, de fortalecer, como señalaba anteriormente, el *trabajo en red* de los centros escolares. A este respecto es indudable que las Administraciones locales tendrían aquí un papel extraordinariamente importante como impulsoras y facilitadoras de estas redes de colaboración y apoyo mutuo, lo cual daría sentido a una acción educativa municipal que, en ocasiones, se pierde por otros derroteros menos valiosos. La buena noticia es que muchas de estas iniciativas ya están en marcha y, entre otras, la «red de ciudades educadoras»[41] así lo demuestra, igual que el inspirador trabajo que en esta línea realiza la profesora

41. https://www.edcities.org/rece

Ángeles Parrilla y el grupo CIES[42] de la Universidad de Vigo, mediante el desarrollo de *proyectos locales* de colaboración entre escuelas y comunidad, con una orientación inclusiva.

Este *trabajo en red*, con sus distintos planos e iniciativas, siempre lo he visualizado como la red que usan en el circo los trapecistas cuando se enfrentan a los saltos más osados para su integridad física. Es la red que los recogerá y salvará si, lamentablemente, les falla un encuentro mientras ejecutan sus arriesgados saltos mortales. Esos mismos saltos mortales son los que, figuradamente, les estamos pidiendo a muchos equipos docentes; que se enfrenten al desafío de una educación más inclusiva haciéndolo, la mayoría de las veces, con menos recursos, apoyos y condiciones de las necesarias; con dudas, temores e incomprensiones, además de con claras resistencias. Es evidente, entonces, que solo se atreverán a hacerlo si existe algo semejante, simbólicamente hablando, a esa red de trapecista, para sostenerlos y protegerlos en caso de que sus iniciativas, propuestas de innovación o mejoras no sean lo efectivas que prometían ser. Esa red, que se nutre del trabajo colaborativo, cumple, asimismo, el importante papel psicológico de ayudar a compartir el miedo, la inseguridad o la frustración cuando algo sale mal, pues en ello se supone que están todos. Es también el mejor nutriente de la *esperanza*, entendida no como una actitud meliflua de que las cosas irán bien sin más, sino como la capacidad para no entrar en pánico ante las situaciones complejas, difíciles y dilemáticas que se avecinan; ¡y el desarrollo de una educación más inclusiva tiene todas esas características!

En definitiva, para el desarrollo de proyectos educativos más inclusivos es clave no solo tener una visión clara del rol central que juegan las *estrategias de apoyo* en conjunción con la *presión para el cambio*, sino también entender aquel de una forma mucho más amplia, profunda y compleja de como suelen interpretarlo las autoridades educativas y

---

42. https://grupocies.webs.uvigo.es

muchos equipos educativos y docentes. Esto es, entender el *apoyo* no solo como la tarea que corresponde a determinados docentes especializados en ello (el llamado, genéricamente, *profesorado de apoyo*), para hacerse cargo del alumnado más desafiante (y de paso facilitar que todo lo demás siga igual), y haciendo que la demanda de más apoyo se haga solo equivalente a la de más profesorado especializado en trabajar con el alumnado considerado especial. La propuesta que aquí estoy compartiendo y que otros colegas, como el profesor Ignasi Puigdellívol, también sostienen[43] pasa por entender el *apoyo* de una forma mucho más amplia, comprehensiva y comunitaria: como todo aquello que un centro puede y debe hacer, en todos los órdenes de su acción educativa (ordenación, coordinación, recursos, currículo, evaluación, etc.), y con su comunidad educativa y local, para ser capaz de responder con mayores niveles de equidad al compromiso de ofrecer a todo su alumnado oportunidades equiparables de estar, participar y aprender con sus iguales.

En todos estos procesos de articulación del apoyo escolar y de la colaboración para la mejora ha resultado crítico el *uso de evidencias* como un catalizador para la reflexión y el avance de los centros, en relación con sus dificultades, a la hora de querer ser más inclusivos. Se trata de recoger información y datos relevantes (evidencias) sobre las *barreras* (en las culturas, las políticas o las prácticas), que realmente preocupan al profesorado, a las familias o al propio alumnado en cuanto a los procesos y factores escolares vinculados a mejorar la presencia, la participación y el aprendizaje de todos y todas. Se persigue que estas *evidencias* (y no las ocurrencias, las opiniones no contrastadas o las impresiones subjetivas momentáneas), sirvan como punto de partida para la *reflexión conjunta* sobre cómo mejorar cada situación. Lo que me da pie para resaltar la competencia personal y profesional más relevante que hay detrás de todos estos procesos.

43. https://www.lmi-cat.net/es/lineas-de-investigaci%C3%B3n

«Qué sabios eran estos toltecas. Sabían conversar con su propio corazón», dice una inscripción a la entrada de la sala de los toltecas en el Museo Nacional de Antropología en Ciudad de México. Una y otra vez, detrás de todas las formas de *apoyo* para acompañar la necesaria presión para el cambio, se repite la misma competencia y actitud que he hallado en aquellos que de verdad se involucran en él: *conversar con su propio corazón*, reflexionar honesta y seriamente sobre lo que se hace o se deja de hacer, sobre la relación entre sus valores y sus acciones, sobre sus concepciones y prácticas. Mantener esa «disposición reflexiva», de la que tanto habla el profesor Perrenoud, con uno mismo y con quienes se comparte un proyecto es, seguramente, y en última instancia, la *condición* más importante para no extraviarse en esta travesía. No perderse no significa ser perfecto, acertar siempre y llegar a todas las metas parciales. Es no perderse en la falsedad de los cambios superficiales o cosméticos o en la brevedad de algunos que se inician con entusiasmo y que se terminan con celeridad.

Es en este marco donde escuchar las voces de las y los estudiantes y de las familias adquiere un protagonismo que pocas veces han logrado hasta ahora en el ámbito de la innovación educativa. En todo caso, la finalidad última es la de *hacerse preguntas*, así como buscarles respuestas mediante la tarea de reflexionar juntos y buscar soluciones acordes con las posibilidades de cada contexto particular. El *Index* analizado en el capítulo anterior nos ofrece, precisamente, un importante conjunto de *indicadores* y *preguntas* para recabar *evidencia*s sólidas sobre los procesos de inclusión y facilitar la posterior reflexión y acción conjunta que se requiere.

Para concluir este capítulo, desearía referirme a una última *condición* capital para sostenerse en este «viaje hacia la mejora con actitud», como diría el profesor Ainscow. Esta condición se vincula con un hecho natural y frecuente en todos los equipos docentes: que no siempre saben cómo encarar determinadas demandas, desafíos o dilemas. Ese *no saber*, esa falta de conocimiento, que es comprensible (pues no tenemos la obligación de saber sobre todo lo que en un momento determinado necesitaríamos conocer y manejar), encuentra, aun así, respuestas muy dispares en función de la *cultura* imperante en según qué centros escolares. En este sentido, hay centros y docentes que, sobre todo, esgrimen ese *no saber* como *excusa*, justificación o argumento para *no hacer*: «No estoy o no estamos preparados», «no sabríamos qué hacer con ese alumnado», y, por ello: «Aquí les haríamos un flaco servicio en respuesta a sus necesidades educativas». Siempre me ha parecido lamentable y rechazable esta actitud farisea, que esconde, las más de las veces, otras razones menos confesables y que propicia la activación de los procesos de «desconexión moral»[44] que estudiara Albert Bandura y que ahora se referencia con frecuencia en los estudios que analizan su relación con adolescentes que han tenido experiencias delictivas.

En el extremo opuesto se encuentran los equipos docentes que ante idénticos desafíos y demandas responden: «Preparémonos para ello», «busquemos formación, asesoramiento o apoyo para responder de la mejor manera posible». «¡Si no sé, aprendo!» vendría a ser la forma sencilla de expresarlo. Y en esa búsqueda, y retomando lo que antes analizaba, no siempre se empieza indagando en el exterior, en expertos o formadores ajenos al centro, sino que, con

44. Gómez Tabares, A. St. y Narváez, M. (2019). Mecanismos de desconexión moral y su relación con la empatía y la prosocialidad en adolescentes que han tenido experiencias delictivas. *Revista de Psicología*, 37, 2. http://dx.doi.org/10.18800/psico.201902.010

«Para Bandura el comportamiento moral está regido por mecanismos cognitivos de autorregulación, los cuales le permiten al ser humano actuar de manera correcta o incorrecta, moral o inmoralmente, de acuerdo con los estándares éticos a nivel social. La desconexión moral, en este sentido, es un proceso de reconstrucción cognitiva o reformulación de la conducta violenta o nociva como algo moralmente aceptable, lo que le permite a la persona evitar la autocensura y la culpa cuando actúa en contravía a los criterios ético-morales dentro de un sistema social».

frecuencia, se hace en el interior, entre los propios compañeros, en la comunidad educativa, en aquellos que, en definitiva, puede que sepan cómo empezar a responder a tales desafíos. Esa es la estrategia que bien conoce y sigue implementando mi colega y buena amiga de la Universidad de Sevilla, Carmen Gallego, junto con otros investigadores e investigadoras, y que se conoce como Grupos de Apoyo entre Profesores (GAEP).

Es obvio que no siempre se tiene en casa lo que se necesita y, por ello, se trata de equipos educativos que saben buscar un asesoramiento externo que, a veces, no es tanto para saber algo muy preciso, como para facilitar la reflexión y el análisis conjunto de las alternativas. En estos tiempos modernos de las tecnologías digitales, la hiperconectividad y las redes sociales, el principal problema no es el acceso a conocimientos pertinentes y útiles, sino el tiempo requerido para analizarlos y compartirlos como equipo docente. A este respecto, aflora, de nuevo, la responsabilidad de una Administración que tiene la obligación de implementar las condiciones para que esta *formación permanente* sea posible y ajustada a la realidad de cada centro escolar. Todo esto, como es fácil de suponer, me llevaría a tratar el amplio asunto de la formación docente, inicial y permanente, para *preparar al profesorado para ser más inclusivo,* algo que siento como una cuestión central para que este viaje hacia una educación más inclusiva sea sostenible en el tiempo, pero para lo cual necesitaría mucho más espacio del que estas páginas me permiten. En otros textos he tratado este tema y el lector interesado podrá encontrar en la web de EQUIDEI trabajos específicos sobre esta importante condición para la mejora escolar inclusiva, así como en la de la Agencia Europea para el Desarrollo de las Necesidades Educativas Especiales y la Educación Inclusiva, que cuenta con importantes proyectos y materiales a este respecto.[45]

45. https://www.european-agency.org/activities/TPL4I

Solo quiero conjurarme, en el último párrafo de este capítulo, contra la maldición de Sísifo,[46] en lo que a la formación inicial de los y las docentes se refiere. Si de nuestras facultades de Formación de Profesorado (ya sea mediante los grados de Educación Infantil o Primaria o a través del posgrado de Formación de Profesorado de Educación Secundaria y Bachillerato que, por ejemplo en España, habilita a los graduados para impartir enseñanzas en estas etapas educativas), siguen egresando profesoras y profesoras sin las aptitudes y competencias que se precisan para sentirse profesores y profesoras de todos sus estudiantes, sin eufemismos respecto a ese *todos*, entonces estaremos condenados a que se enquiste la frustración entre lo que se declara como deseable en materia de inclusión y lo que acontece realmente en centros y aulas. La formación de un *profesorado inclusivo* es, a juicio de muchos expertos,[47] y yo lo comparto, el gran reto que tiene por delante la formación inicial del profesorado en los próximos años y algo que, por consiguiente, debería ocupar un papel central en cualquier agenda de reforma educativa, *para la inclusión*, que se precie de tal.

46. En la mitología griega, Sísifo es conocido por su castigo: empujar cuesta arriba por una montaña una piedra que, antes de llegar a la cima, volvía a rodar hacia abajo, de forma que se repite una y otra vez el frustrante y absurdo proceso (Fuente: Wikipedia).
47. Florian, L. y Pantic, N. (2017). *Teacher education for the changing demografics of schooling*. Springer.

Capítulo 5

Turbulencias y legistrones

Paradojas, contradicciones y dilemas durante el viaje

Este *viaje* al que simbólica, emocional y profesionalmente estamos invitados es cualquier cosa menos sencillo y placentero. Más bien yo diría que es todo lo contrario y, por ello, anticiparse y conocer las *turbulencias* que nos esperan es más que necesario. Esas turbulencias (muchas de las cuales tienen que ver con las resistencias de distinto tipo a las que aludía en el capítulo anterior), se vinculan de manera muy significativa con la situación paradójica que vivimos con relación a la distancia entre el conocimiento disponible para progresar en pos de una educación más inclusiva y la estancada realidad al respecto que, hoy por hoy, mayoritariamente observamos.

En efecto, para cualquier aspecto, perspectiva o detalle práctico de los muchos procesos psicosociales y didácticos que hay tras esta sistémica tarea, contamos con más saber del que incluso podríamos asimilar en un tiempo razonable. Las bibliotecas y hemerotecas se renuevan cada día con cientos de miles de textos rigurosos y útiles, la mayoría de los cuales están, además, disponibles a golpe de un clic legal para investigadores y docentes. Sin embargo, cuando se mira desde fuera la realidad escolar, se genera una situación bastante desesperante o, cuando menos, penosa, porque se observan, por ejemplo, prácticas educativas que no tienen ni uno solo de los componentes que desde hace tiempo la investigación ha identificado como indispensables para un aprendizaje con significado y sentido personal. O cuando algunos descubren «ahora», las ventajas y oportunidades de estrategias como el aprendizaje cooperativo, la autorregulación o la gestión emocional de los conflictos. Cuando se vive desde dentro de los centros escolares, la desmoralización de muchos docentes no es menor, pues saben que pueden saber más, pero también que no les alcanza la vida para pararse a pensar y a aprender, sea individual o colectivamente, sin que la conciliación entre la vida personal y profesional salte por los aires. Mi buena amiga y extraordinaria maestra y PT de lujo, Carmen Pi, me contaba en una ocasión que ella tiene 5 minutos al día para sí misma dentro de un horario escolar comprimido al máximo. Y que en esos 5 minutos ha de decidir si va al baño o se toma un café. Cuando me lo contó, no sé por qué me vino a la cabeza la canción *Amanda* de Víctor Jara y sus eternos 5 minutos cuando visitaba a Manuel en la fábrica. Es verdad, también, que a otros docentes y no docentes el conocimiento disponible les resbala, pero de esos no hablamos ahora. En todo caso, y antes de ver la paja en el ojo ajeno y no la viga en el propio, bien nos vendría a los investigadores, en primer lugar, una reflexión sosegada y rigurosa sobre qué, cómo, con quién y con qué finalidad investigamos y, en último término, para qué sirven, a dónde llegan y si se usan, o cómo, los resultados de las investigaciones a las que tanto tiempo y esfuerzo dedicamos.

Esta situación (que tal vez podríamos reconocer como una de las múltiples paradojas del conocimiento, «sabemos mucho, pero usamos poco lo sabido», algo que, por otra parte, también ocurre en ciencias tan importantes como la medicina) no es, con todo, lo más agobiante de este proceso. Mucho más lo es la fragrante contradicción y las duras emociones que la acompañan (rabia, impotencia, frustración), vinculadas al hecho de que, por una parte, tenemos un reconocimiento legal, normativo, de lo que hoy ya es un *derecho* (el *derecho a la educación* consagrado por todas las constituciones del mundo, que debe entenderse hoy como el *derecho a una educación inclusiva*) y, por otra, la hipocresía cotidiana de su no aplicación en la práctica, cuando no su menosprecio o indiferencia. Y el problema de esta situación es doble: el incumplimiento, primero, y el hecho de que podríamos estar en claro riesgo de ir hacia atrás, de recalibrarlo respecto a su alcance (en lo tocante, en particular, al alumnado con mayores y más extensas y generalizadas necesidades de apoyo educativo) o de convertir ese derecho en simple beneficencia o en un «desecho»: «2. m. Cosa que, por usada o por cualquier otra razón, no sirve a la persona para quien se hizo» (*Diccionario* de la RAE).

Estas contradicciones, que tan crudamente viven en primera persona todas las familias a quienes, de alguna forma, se les había hecho sentir que el futuro de sus hijos o hijas podía ser esperanzador (en particular, en los casos en los que estos estaban en mayor riesgo que otros de segregación, marginación o fracaso escolar), hunden muchas de sus raíces en la *naturaleza dilemática de este proceso*. En efecto, ya desde el inicio de este texto me he referido en varias ocasiones a los inevitables *dilemas* que nos van a acompañar, en todo momento, en este viaje. Recordemos que, en el lenguaje cotidiano, los *dilemas* se entienden como un problema que puede resolverse a través de dos o más soluciones (también hay trilomas, por ejemplo), pero en el cual ninguna de las opciones en juego resulta completamente aceptable; esto es, todas conllevan algunos aspectos beneficiosos y otros que no lo son. En otras palabras, al elegir una de las opciones, la persona o personas implicadas no quedan del todo conformes y se enfrentan a un conflicto moral, de intereses o valores.

La educación inclusiva está cruzada por múltiples y complejos *dilemas*. El primero de ellos es que aspiramos a ofrecer, al mismo tiempo, una educación común, *comprensiva,* para todos, pero también bien adaptada y personalizada a las diferentes necesidades y características de cada aprendiz. Esto lo queremos hacer, además, en el marco de espacios y contextos comunes (aula y centros ordinarios, ¡por supuesto!), de modo que se maximice la *presencia* a la que aludíamos al analizar la tríada de dimensiones que configuran la respuesta educativa inclusiva, pero sin renunciar a las ayudas o apoyos singulares que algunos alumnos puedan necesitar, que tal vez podrían estar mejor organizados en espacios específicos; por ejemplo, en un aula de apoyo singular para alumnado con determinadas necesidades educativas específicas, como pudiera ser el alumnado dentro del espectro autista, o para aquellos en riesgo de fracaso escolar, en algún programa específico de mejora del aprendizaje, de los múltiples que, con diversas denominaciones, se han ido estableciendo al amparo de las leyes vigentes. Ello conlleva, sin embargo, un cierto grado (o uno muy alto) de segregación y un riesgo nada desdeñable de marginación, dado el estigma que casi siempre conlleva la participación en alguna de estas llamadas en España *medidas extraordinarias de atención a la diversidad.*

Un dilema constante, y hasta la fecha mal resuelto en la mayoría de los países, es el que atañe a la obligación de ofrecer una respuesta educativa ajustada y pertinente a las necesidades específicas de apoyo educativo de algunos alumnos y alumnas, lo cual exige tener disponibles recursos, medios y personas especializadas para determinados casos (por ejemplo, profesorado especializado en dificultades de la comunicación o el lenguaje). Para ello, parece natural y necesario identificar y diferenciar a unos y a otros. Ese es el procedimiento que se sigue en la actualidad en España, donde el número de profesores de apoyo está determinado por una ratio específica de alumnado considerado con necesidades educativas especiales similares, de forma que, dependiendo del número de alumnos con dichas necesidades, se conceden más o menos profesorado de apoyo.

Sin duda, este esquema parece, de entrada, una manera razonable de racionalizar, por ejemplo, la inversión necesaria para asegurar las partidas presupuestarias para el profesorado, adecuadas a esta realidad. Pero, al hacerlo de esta forma, también nos adentramos peligrosamente en el farragoso territorio de los procesos de categorización/etiquetación de sus destinatarios, con sus consecuencias sobre las expectativas (del profesorado, las familias y otros agentes educativos), y la autoestima de los niños y niñas afectados. En efecto, está demostrado por la investigación que las expectativas juegan un papel muy importante en la configuración de nuestro comportamiento (el bien conocido efecto Pigmalión). Y de sobra sabemos que puede haber expectativas positivas y otras negativas, muchas de las cuales se asocian, precisamente, a los procesos de etiquetación que nos hablan de alumnos supuestamente especiales, *raros* o problemáticos, todo lo cual contribuye fácilmente al estigma de quienes las reciben y a su posterior baja autoestima, hechos que son, en sí mismos, una de las múltiples caras de la exclusión. Es este un dilema muy complejo que algunos países, como Canadá (en particular, en algunas de sus provincias, como la de New Brunswick), tratan de minimizar, por ejemplo, con una generosa provisión, de entrada, en todos los centros educativos sostenidos con fondos públicos, de profesorado de apoyo en función de la matrícula de alumnos del centro, tomando como premisa que todos los centros tienen que ser inclusivos y que, por tanto, escolarizarán a los alumnos considerados con necesidades educativas especiales que les correspondan por la *proporción natural* de estos con relación a la población total de alumnos en su distrito. No se necesita, pues, determinar *a priori* cuántos alumnos considerados con necesidades educativas especiales hay en el centro para pedir más recursos, dado que estos ya estarán esperando en el centro cuando aparezcan, lo cual, a su vez, minimizará los procesos de evaluación diagnóstica. Si la *proporción natural* a la que aludía se ve modificada por circunstancias excepcionales, entonces los centros tienen la posibilidad de solicitar nuevos apoyos a las autoridades educativas locales, siempre y cuando demuestren claramente que con los que tienen, junto con el resto de las medidas para la inclusión que el centro debe tomar, no están en condiciones de ofrecer una respuesta educativa de calidad para todos.

Asociado al anterior dilema nos encontramos también con que queremos y precisamos, por un lado, el apoyo de esos especialistas que sepan más de algunas cuestiones y procesos necesarios para una buena educación de algunos alumnos en particular (por ejemplo, en relación con las cuestiones de audición y lenguaje a la que antes aludía), y que un profesorado ordinario no ha tenido oportunidad de aprender. Pero, al mismo tiempo, no queremos, ¡y eso supone un riesgo contrastado!, que su apoyo se traduzca en que deleguemos en ellos la casi total responsabilidad de la educación de ese alumnado *considerado especial*, con la consiguiente dejación del compromiso de los tutores con el alumnado que precisa del apoyo de aquel y el empobrecimiento de la respuesta educativa que reciben. Si quieren evidencias al respecto, los animo a leer el esclarecedor trabajo del profesor Rob Webster (2022)[48] en torno al impacto en el Reino Unido de los allí conocidos como *assistant teachers* sobre las oportunidades de enseñanza y la calidad de los aprendizajes del alumnado considerado con necesidades educativas especiales.

En este dilemático marco, los ajustes del currículo que pudieran ser beneficiosos para algunos estudiantes, en forma, por ejemplo, de más tiempo para ciertos aprendizajes básicos o de la simplificación de algunos contenidos, podrían también perjudicar, en cierto grado, a otros que no los requieren o que necesitan más bien lo contrario: una aceleración y un enriquecimiento del su currículo a cuenta de sus mejores capacidades.

Conviene no perder de vista que no todos los dilemas, incluido el que acabo de apuntar, tienen la misma intensidad o tensión en todos los contextos, ¡ni mucho menos! Por ejemplo, en el marco de un centro educativo y un aula inclusiva, como la que dibujaré en el capítulo séptimo, el dilema entre redu-

---

48. R. Webster (2022). *The Inclusion Illusion. How children with special educational needs experience mainstream schools.* https://www.uclpress.co.uk/products/152465

cir y enriquecer contenidos o actividades de aprendizaje se diluye en gran medida si la programación está diversificada en ritmos y niveles de aprendizaje y el alumnado tiene oportunidades de elegir entre un abanico de opciones. Porque no se trata, entonces, de que todos hagan a la vez lo mismo, sino de que existan *opciones* para diversificar y personalizar la acción educativa en función de las necesidades de cada alumno. En otras palabras, los dilemas no son iguales en todos los casos, sino relativos y encarnados en la realidad de cada centro o cada aula. Por consiguiente, siempre es imprescindible un análisis preciso de uno y otra para hacer propuestas ajustadas a cada situación.

Mucho más dilemáticas son las situaciones en las que entran en juego valores socialmente aceptados por la mayoría, pero que pueden entrar en abierto conflicto con otros valores culturales minoritarios presentes en el centro, tanto entre el alumnado como entre el propio profesorado o las familias (como sería el uso del velo por parte de algunas estudiantes musulmanas). A este respecto, en un viaje a Gratz (Austria), con motivo de un proyecto europeo en el que participaba, tuve la oportunidad de presenciar un evento que me dio mucho que pensar y que quiero compartir para estimular la reflexión del lector en este sentido. En el marco de una visita de estudio a un centro público de Educación Primaria de la ciudad, que se caracteriza, entre otras cuestiones, por una altísima diversidad étnica, cultural y religiosa, nos invitaron a participar en un acto ecuménico. Confieso que tanto yo como otros compañeros y compañeras del proyecto nos quedamos algo perplejos al ver que se incluía esa actividad en nuestra agenda, pero allí acudimos a la hora prevista. El acto era una reunión de todos los niños y niñas del colegio (unos ciento cincuenta), en el *hall* del modesto centro, preparado a los efectos como salón de actos improvisado. Lo dirigían varias docentes del colegio, pero llevaba la voz cantante, y nunca mejor dicho, la profesora de música. Empezaron con la lectura de un cuento entrañable (hasta donde pude entender), que hablaba del valor del grupo, la amistad y la unión frente a la adversidad (muchos pececillos se unían para simular ser un pez grande que era capaz de hacer frente a otro pez más grande que los amenazaba y que en ocasiones los devoraba). Tras algunos pasajes del cuento, que se proyectaba también en imágenes para hacerlo más accesible, la profesora que lideraba la actividad invitaba a todos los niños y asistentes a cantar; la mayoría de los cánticos se acompañaban de gestos y momentos en los que niños y niñas se daban las manos, lo que contribuía a crear un intenso sentimiento de comunidad. Además, las familias estaban invitadas y una docena de ellas, algunas madres y padres con sus bebés, se movían libremente por el *hall* y participaban en los cantos, satisfechos de ver reunidos a sus hijos e hijas, en un emotivo calidoscopio humano de colores, formas e identidades diversas.

Varias mujeres de entre los familiares presentes y una maestra, como mínimo, llevaban el velo que las identificaban como musulmanas. No dejaba de ser un tanto chocante, para mí, verlas pasear o estar observando el evento, justo debajo de alguno de los crucifijos que había alrededor, pues, como nos explicó más tarde la directora, en Austria, por ley, todas las escuelas deben mostrar el crucifijo en los espacios comunes y en las aulas. Pero junto a niños, docentes, familiares y visitantes extranjeros, en el acto había también dos sacerdotes (uno católico y otro protestante) y un imán. Cantaron con los niños y disfrutaron del cuento, y, al final, cada uno de ellos pronunció unas breves palabras, que interpreté como una pequeña oración. No presté atención a quién decía «amén» entre los participantes, o lo propio que digan los creyentes musulmanes, pero todo discurrió con una extraordinaria naturalidad y concordia, lo cual no quiere decir que no hubiera algún estudiante revoltoso o distraído a quien su profesora tuvo que hacer una llamada de atención. El acto terminó tranquilamente y los alumnos regresaron a sus respectivas clases llevando de vuelta, muchos de ellos, las sillas que habían traído para para la celebración conjunta. Creo que también regresaban con un aprendizaje implícito de respeto y reconocimiento a la diversidad de credos, en un marco de disfrute compartido y sentido de comunidad.

Cuando, más tarde, nos reunimos con parte del equipo docente del colegio, no pude por menos que felicitar a la directora por haber organizado ese acto el día de nuestra visita y, sobre todo, por la decisión del centro de organizar este tipo de encuentros, que valoré como una práctica muy inclusiva y un modo equilibrado y justo de responder al dilema de la diversidad religiosa en los centros educativos. Sin duda, ese equipo docente (como hacen otros), podría haber optado por no hacer nada al respecto, relegando las cuestiones religiosas al ámbito privado, con sus pros y sus contras, pero no lo hizo: ante el dilema, se decantó por construir un espacio de reconocimiento de la diversidad, en este caso religiosa, en el cual participó toda la comunidad educativa. Trató a las tres religiones presentes (que entiendo que son las que profesaban la mayoría de las familias del centro), con equidad en lo que se refiere a su presencia y al tipo de discurso, y generó oportunidades para dialogar posteriormente con niños y adultos de un modo natural sobre el fenómeno religioso.

Más incierto y difícil resulta señalar con nitidez cuál es la frontera entre ciertos comportamientos que responden a la intrínseca diversidad del alumnado y que, por lo tanto, deban de ser respetados, y los que siendo parecidos a los primeros resultan problemáticos y seriamente perjudiciales para los compañeros y la convivencia escolar, a tenor de sus causas. Como señalara con gran acierto Álvaro Marchesi en su libro *Qué será de nosotros, los malos alumnos*, ¡qué dilemático resulta para directivos, docentes y familias el caso en particular del alumnado con problemas emocionales y de conducta!, puesto que pueden llegar a hacer daño a sus compañeros, al mismo tiempo que necesitan mucha comprensión y apoyo en su vida cotidiana. En ello también incidían recientemente las profesoras Lizza Ehrich y Suzanne Carrington,[49] quienes ponían de manifiesto la existencia al respecto de cuatro grandes dilemas interrelacionados. El primero lo referían como el dilema entre «el bien común y el bien individual» y tiene que ver con la disyuntiva entre apoyar los derechos del grupo o apoyar los derechos individuales. Como vengo apuntando, el caso de los estudiantes con conductas disruptivas es, en este sentido, paradigmático; llegado el caso de que algunas de esas conductas disruptivas por parte de algún alumno sean reiterativas e incidan negativamente en el bienestar de sus compañeros, ¿que sería lo justo: anteponer el bien común del grupo y expulsar al alumno del centro, o ser compasivo y comprensible con su situación individual y mantenerlo escolarizado? Estas situaciones nos enfrentan a un segundo dilema, vinculado al enfrentamiento entre el *cuidado* y las *normas* establecidas. Sin duda, en todos los centros existe la norma de que está prohibido pegar y, como tal, proporciona una guía de comportamiento que ayuda a la convivencia en paz. Pero algunos alumnos pueden pegar ocasionalmente a un compañero, sin clara intención de hacer daño, como consecuencia de un déficit en su capacidad de autocontrol. Si sobre la base del respeto a las normas establecidas se aplican a este alumno, llegado el caso, las consecuencias asociadas a la norma de no pegar, seguramente se hará contrariando al mismo tiempo su necesidad de cuidado, afecto y comprensión que, probablemente, tanto precisa. Estas situaciones resaltan la tensión vinculada a decidir entre el «largo y el corto plazo». A corto plazo, una expulsión temporal por culpa de la transgresión de la norma de no pegar puede ser un alivio necesario para el grupo de compañeros, pero es casi seguro que, a largo plazo, esa decisión hará más difícil el regreso y la inclusión en el grupo del alumno expulsado. Seguramente, hacer prevaler los efectos a largo plazo es más coherente

49. Ehrich, L. y Carrington, S. (2018). Making sense of ethical leadership. En: Harris, J., Carrington, S. y Ainscow, M. (eds.). *Promoting equity in schools: collaboration, inquiry and ethical leadership* (pp. 121-141). Routledge.

con una ética del cuidado que lo contrario (priorizar el corto plazo), pero no deja de ser, como los anteriores, un dilema que no tiene una solución preestablecida. Finalmente, esta misma casuística ilustra bien otro dilema que con frecuencia afrontan en particular los equipos directivos. La provisión de *servicios/apoyos adicionales* a los disponibles, en beneficio de algunos alumnos más vulnerables en particular (dadas sus necesidades específicas de apoyo), pero en detrimento de un uso justo del *presupuesto común* previsto para la mayoría. Los autores referidos también plantean este dilema como la disyuntiva entre eficiencia y equidad.

En un plano más macro, y en relación con el ámbito concreto del alumnado con necesidades específicas de apoyo educativo complejas, extensas y generalizadas que, por lo general, siguen escolarizados en centros de educación especial (CEE), ciertamente es dilemática la tensión entre la obligación resultante de que el derecho a una educación inclusiva no tenga restricciones y que, por lo tanto, deba aplicarse a la escolarización de todos los estudiantes (esto es, también a los que hoy se siguen escolarizando en CEE), y el hecho objetivo de que resulta extremadamente difícil y casi insensato hacerlo ¡ya mismo! Este crudo dilema existe porque, salvo excepciones, la inmensa mayoría de los centros ordinarios de Educación Primaria y Secundaria no tienen la cultura, las políticas y las prácticas adecuadas para escolarizar a ese alumnado con la calidad educativa a la que tienen derecho. Por consiguiente, en el corto plazo, una inclusión total representaría un escenario muy disfuncional para dar satisfacción a sus necesidades educativas específicas, pero dilatar la decisión puede convertir el largo plazo en nunca jamás. ¿Cómo resolvemos este dilema a la vez moral (asumir un mandato legal) y humano? ¿Deben *sacrificarse* hoy estos alumnos y alumnas con mayores y más complejas necesidades de apoyo educativo, a una *falsa o insuficiente inclusión*, para que los centros ordinarios vayan mejorando su capacidad de hacer frente de modo apropiado a estas situaciones?

¿Se puede pedir este *sacrificio* a las familias? Pero, al mismo tiempo, ¿pueden llegar a darse los cambios necesarios y profundos que se precisan en los centros ordinarios y en las concepciones de su profesorado para el cumplimiento de ese derecho sin la presencia de este alumnado en esos mismos centros? ¿Quiénes deben empezar este proceso? Seguramente, la gran mayoría de las familias implicadas desearían que ya estuviera alcanzada esa meta porque otros hubieran pasado por ese amargo trance antes de que les tocase el turno a ellas. Pero no siempre es así. En definitiva, ¿hemos de considerar el derecho a la educación inclusiva como un *derecho condicionado* a la capacidad real de transformación de los centros educativos ordinarios para atender con equidad a todo el alumnado?

A este respecto, muchos orientadores y orientadoras (¡ojo, no todos ni todas!, porque algunos también son incomprensiblemente insensibles al tema), que tienen a su cargo emitir o revisar los dictámenes de escolarización de este alumnado considerado con necesidades educativas especiales, viven todos los años el dilema moral de elegir entre cumplir la normativa que los obliga a determinar quién podrá estar escolarizado en un centro ordinario y a quién le corresponderá hacerlo en uno de educación especial, o bien seguir el dictado de su conciencia y su código deontológico, y tratan de eludir como pueden el proceso. Estos últimos son aquellos que han entendido bien que el derecho a una educación inclusiva no puede estar condicionado por ninguna *evaluación psicopedagógica*,[50] como establece la Convención de los Derechos de las Personas con Discapacidad (CDPD) en su artículo 24, sea del tipo que sea y esté mejor o peor hecha.

---

50. Echeita, G. y Calderón, I. (2014). Obstáculos a la inclusión: cuestionando concepciones y prácticas sobre la evaluación psicopedagógica. *Ámbitos de Psicopedagogía*, 41. Palomo, R., Simón, C. y Echeita, G. (2019). Los servicios de orientación educativa y psicopedagógica ante el desarrollo de una educación más inclusiva. *Educar y Orientar*, 11, 54-59.

No me cabe duda, en todo caso, de que los mayores dilemas siempre los han de afrontar las familias, pues ellas no pueden esperar a que los procesos de mejora (que exigen mucho tiempo), se generalicen y lleguen a sus hijos o hijas; porque estos están ahí y la vida pasa para ellos rápidamente, de forma que las decisiones que hay que tomar son también *para hoy*, en un marco de incertidumbre y presión que resulta difícil de imaginar para quien no lo vive.

En suma, una y otra vez las Administraciones, los asesores y orientadores, el profesorado y las familias se ven enfrentados a dilemas de distinto grado de intensidad moral y a distinto nivel o en diferentes planos; dilemas que se configuran, por ello, como la quintaesencia de la tarea de avanzar hacia una educación más inclusiva y que, lejos de tener una respuesta técnica, única o sencilla, obligan (¡deberían obligar!) continuamente a las comunidades educativas implicadas a dialogar, negociar y reconstruir su significado en cada momento y lugar. De hecho, los dilemas no tienen una única solución, sino únicamente respuestas episódicas, *compromisos* que deben ser alcanzados por los participantes involucrados en cada dilema. Lo que cabe desear es que estos dilemas se planteen en el marco de modelos educativos y de asesoramiento psicopedagógicos democráticos y participativos, donde prime el diálogo igualitario entre todos los que han de tener *voz* en este proceso (profesorado, familias, alumnado y especialistas), un diálogo sustentado en el valor de los argumentos y no en la posición o *potestas* del que argumenta. Si es así, y si bien es cierto que no podremos, entonces, asegurar desde fuera el resultado de la deliberación, será su forma de llevarla a cabo lo que dará validez y sentido a su resultado final.

Esta naturaleza dilemática de la educación inclusiva vuelve a poner en el centro del análisis la imperiosa necesidad de que existan la cultura y las condiciones escolares para abordar con rigor y garantías los *dilemas de las diferencias* en la educación escolar. Dialogar, negociar y reconstruir su significado en cada momento y lugar requiere tiempo, asesoramiento y mucha cordura. Necesita de profesionales y personas que sepan analizar con rigor las consecuencias de cada una de las opciones en juego y mediar entre las partes con posiciones contrarias o distantes, quitando apasionamiento y aportando mesura. Hace falta construir un *pensamiento grupal* que se enfoque hacia la búsqueda del mejor compromiso posible, lo cual exige un buen manejo de las posiciones vitales, las dinámicas y los roles que afloran en todo trabajo de interacción grupal. Siempre he pensado que estos roles de asesoramiento, mediación y apoyo a la resolución episódica de los dilemas de la inclusión son muy pertinentes y ajustados al perfil de los orientadores y orientadoras que tenemos, por ejemplo, en el sistema educativo español, y más si cabe en el caso de quienes trabajan desde equipos externos a los centros escolares, pues, si bien es cierto que para otras tareas esta posición externa resulta poco eficiente, al menos para esta es una ventaja, ya que permite una equidistancia que no es fácil conseguir cuando se es arte y parte.

Personalmente, creo que los orientadores y las orientadoras tienen en las tareas de asesoramiento psicopedagógico y para la mejora escolar unos roles, que sin ser los únicos a desempeñar, me parecen más atractivos e inclusivos que el que muchos y muchas mayoritariamente desempeñan (sea por convicción o por imposición), más volcados en la sempiterna evaluación y en el posicionamiento de experto. Y la buena noticia es que algunos y algunas ya practican esos nuevos roles con excelencia[51] y que todas y todos ellos comparten sus saberes con generosidad.[52]

Decía Edgar Morin en su obra *Los siete saberes necesarios para la educación del futuro* (1999) que «debemos aprender a navegar en un océano de incertidumbres a través de archipiélagos de certeza». Parafraseando sus palabras diría que, en

51. https://anamurciaorientacion.com
52. https://creemoseducacioninclusiva.com/una-orientacion-para-la-educacion-inclusiva

efecto, la educación inclusiva se configura a sí misma como un océano repleto de incertidumbres, dilemas, contradicciones y paradojas en el cual, solo ocasionalmente, afloran pequeños archipiélagos de certeza. La certeza de que esta ambición es posible y justa, a pesar de que no lleguemos a verla plenamente, y también la de tener a nuestro favor el viento de los principios y valores que sostienen, entre otras, nuestra firme convicción en la igual dignidad de todos nuestros estudiantes y, por tanto, de su derecho a una educación inclusiva de calidad.

Parte II
VOZ Y QUEBRANTO[53]

Barricada escolar

Y sabiendo
que usted no es casi nunca la culpable
y aún menos de que sean casi treinta
y alguno se haga caca todavía
le sugiero
que se cruce con fuerza de brazos
y se quede tan campante.

Entendiendo
que equipos directivos no hacen leyes
ni son los que reparten presupuestos
ni pueden contratar al que hace falta
les propongo
que den un carpetazo a instrucciones
tomando un cafecito ahí enfrente,
que no comience el curso,
y en ese primer claustro
un baile de disfraces abra el acta.

53. «Voz y quebranto» son versos de una canción de Cesaria Évora y Pedro Guerra, «Tiempo y Silencio», que se encuentra en el disco de Cesaria Évora *Sao Vicente di Longe*. Utilicé estos versos en un artículo muy querido por mí que reescribí en 2013 y que titulé «Educación inclusiva. De nuevo voz y quebranto», publicado en la *Revista Iberoamericana sobre Calidad, Eficacia y Cambio en Educación*, 11(2), 100-118. *Voz y quebranto, sonrisas y lágrimas, luces y sombras* son expresiones que he utilizado en mis trabajos y con las que quiero dar a entender el hecho de que, continuamente, en el dilemático proceso hacia una educación más inclusiva, aparecen entrecruzados elementos antitéticos.

Comprendiendo
a inspectores cosidos a estadísticas
nutridos de sus tablas
y de sus decimales
les planteo
que arrojen los decretos a la pira,
que dancen de la mano de los niños
y que ardan documentos copia y pega.

Sintiendo
en propio margen, finalmente,
que siempre hay un fantasma más arriba
proyecto
titular en el próximo septiembre:
DE AQUÍ NO NOS MOVEMOS.
SE EXIGE RESPONSABLE.

En la barra
le esperan Wonderwoman, Superman,
de Hierro una Inspectora
y el corro de invencibles y de márgenes.
No vamos a hacer NADA,
tomemos las razones, ahí enfrente.

GEMMA SERRANO RODRÍGUEZ

Capítulo 6

Denunciar la exclusión para avanzar hacia la inclusión

«Estamos tristes y estamos disgustados
con este sistema educativo…»

> Quizás el discurso políticamente correcto de la inclusión
> –pero hasta ahora poco eficaz en nuestras prácticas– deba
> dejar paso al discurso de la exclusión como herramienta de
> cambio. Una buena forma de modificar los desarrollos esca-
> samente críticos o ingenuos hechos bajo la concepción de una
> inclusión realmente débil podría ser el análisis de las fuerzas
> internas y de los procesos de exclusión en el sistema educa-
> tivo y en las escuelas. De este modo, se podrían analizar los
> significados e implicaciones que se esconden tras algunas
> prácticas educativas calificadas como inclusivas que, sin em-
> bargo, no hacen más que perpetuar el statu quo del sistema y
> abrir nuevas puertas a la marginación…
>
> PARRILLA (2007, p. 15, del manuscrito en castellano de la autora)[54]

Inclusión y exclusión educativa son procesos dialécticos y,
por lo tanto, interdependientes. Se progresa hacia una educación más inclusiva en la medida en que se debilitan los
procesos excluyentes que el sistema tiene instalados, de igual
modo que estos se hacen fuertes en el mismo grado en que se
empobrecen o son débiles las políticas favorecedoras de una

---

54. Parrilla, A. (2007). Inclusive Education in Spain: a view from inside. En:
Barton, L. y Amstrong, F. (eds.). *Policy, Experience and Change: Cross Cultural
Reflections on Inclusive Education* (pp. 19-36). Springer.

educación más inclusiva, algunas de las cuales han quedado apuntadas en la primera parte de este libro. Por esa razón, la cita de Ángeles Parrilla con la que he iniciado este capítulo es tan pertinente y necesaria. Confieso sin reparos que creo que en estos temas adolezco de un excesivo *buenismo* respecto a mis expectativas y, seguramente, para muchos lectores la primera parte de este libro pueda interpretarse desde esa actitud. Con todo, lo que me preocuparía más es que se interpretara como que no vivo con los pies en el suelo, sino en la atalaya de las ideas, y que no piso la realidad ni conozco lo que acontece entre pasillos y aulas, como diría la profesora Juana María Sancho. Creo que no es así.

Al igual que le ocurría a Daniel Pennac, como él mismo cuenta en su muy recomendable libro *Mal de escuela*, durante estos años he tenido la oportunidad de escuchar a muchas familias[55] y he recibido con cierta regularidad correos o llamadas de madres (¡siempre madres!), que, sobre todo cuando se aproximan las fechas de tomar decisiones de escolarización para sus hijos *especiales* (con perdón) o cuando la situación ya se ha cerrado, contactan conmigo para compartir su preocupación y en busca de algún apoyo o consuelo para su desasosiego. Este es el último que he recibido y que reproduzco con permiso, cambiando nombres propios y algunos detalles por razones de confidencialidad:

(Hola). Tenía pensado escribirte en julio, cuando se hicieron las matriculaciones de los colegios, para agradecerte el que te pusieras en contacto conmigo por teléfono y para darte la buena noticia de que habíamos conseguido una educación inclusiva para nuestro hijo, pero no pudo ser... Desde el día que publicaron la lista de alumnos admitidos en cada cole y vimos que

---

55. En el proyecto EDITEA hemos analizado y valorado cómo ha transcurrido y cómo se está llevando a cabo el proceso de escolarización del alumnado con TEA en el marco de centros educativos ordinarios. Lo hicimos a través de múltiples entrevistas con familias y con estudiantes con TEA. https://www.equidei.es/proyectos-editea

nuestro hijo había sido «excluido» por el sistema de educación actual… ha sido una pesadilla tras otra… Hemos estado en verano buscando alternativas, informándonos de las opciones, pero no encontramos nada que se ajuste a lo que Jorge [nombre ficticio] necesita y no queremos que pierda este año. Desde luego, en la educación pública ya hemos visto que es imposible y el sistema actual le discrimina por todos los lados. Hasta los propios orientadores lo reconocen…; actualmente hay pocas opciones…; educación «ordinaria con apoyos» (insuficientes) o educación «especial» que te excluye del sistema para siempre… ¡No hay más! Y, por supuesto, ¡¡la educación especial es lo mejor del mundo!! ¡Nos dicen que ninguna es la mejor para él, pero… no hay más! ¿Aumentar los apoyos en las aulas ordinarias o reforzar a los tutores? No se puede. ¿Desfasar un año? Ya no se puede. ¿Repetir un año de infantil? Tampoco se puede. ¿Pagar nosotros por un apoyo adicional donde sea? No se puede.

Me gustaría pedirte consejo sobre los pasos a seguir ahora… Estamos buscando el mejor sitio para llevarle, fuera de la educación pública, porque parece que esta no nos da alternativas…

También me gustaría preguntarte si es justo este sistema de «escolarización» que tenemos hoy en día… Evaluadores que marcan al niño «según los procedimientos actuales», colegios sin recursos, etc. Porque estamos dispuestos a luchar y colaborar todo lo posible por mejorar este país y que se puedan cambiar las cosas que no funcionan adecuadamente. Estamos dispuestos a denunciar al sistema educativo español o a la Consejería de Educación por el proceso que han seguido este año con nuestro caso (que te contaré), si fuera necesario, para demostrar que las cosas tienen que ser cambiadas. No se puede decidir ni limitar el futuro de un niño, simplemente porque «el sistema nos da solo 2 opciones», aunque ninguna sea la mejor para él. «Sabemos que otra cosa sería mejor, pero, como "el sistema" no lo permite, no se puede hacer». ¿Pensamos en el bien de los niños o pensamos solo en mantener un sistema educativo genérico y sin opciones para una diversidad cada vez más común?

Estamos tristes y estamos disgustados con este sistema educativo…

PILAR (nombre ficticio; recibido el 27/09/2018)

La exclusión educativa tiene múltiples caras y, además, es como la Hidra de Lerna:[56] se reproduce por partida doble cuando parece que alguna de ellas se ha eliminado. La cara excluyente que nos muestra Pilar en su correo es la de un sistema educativo que sigue siendo *dicotómico* (educación ordinaria o especial); *rígido* en su forma de proveer los recursos adicionales necesarios para la escolarización de la infancia con más necesidades de apoyo educativo; *inflexible* ante algunas opciones que podrían ser razonables, e *incapaz*, en definitiva, de hacer valer su supuesto compromiso con una educación más inclusiva. En consecuencia, otro Jorge, como aquel del que yo hablaba hace veintiún años,[57] tampoco podrá ir al mismo colegio que su hermano y sus padres tendrán que invertir mucho tiempo, dinero y lágrimas para tratar de encontrar un centro escolar que responda a su derecho a una educación inclusiva. Y encima parece que solo les queda la alternativa de buscarlo en el ámbito privado, un hecho que desgarra las convicciones de quienes defendemos y luchamos por una educación pública de calidad para todos. Y uno se pregunta: ¿dónde está la empatía?, ¿la acción benefactora?, ¿la ética del cuidado de docentes, orientadores, inspectores y técnicos de la Administración que, lejos de romperse por dentro, como a algunos nos ocu-

56. En la mitología griega, la Hidra de Lerna era un antiguo y despiadado monstruo acuático telúrico con forma de serpiente policéfala (cuyo número de cabezas va desde tres, cinco o nueve hasta cien, e incluso diez mil, según la fuente) y aliento venenoso a la que Hércules mató en el segundo de sus doce trabajos. La Hidra poseía la virtud de regenerar dos cabezas por cada una que perdía o le era amputada (Fuente: Wikipedia).

57. Echeita, G. (2003). ¿Por qué Jorge no puede ir al mismo colegio que su hermano? *Revista Iberoamericana sobre Calidad, Eficacia y Cambio en Educación* (REICE), 2(2), 30-42.

rre, solo muestran indiferencia ante estos casos, cuando no algo peor?

Tengo grabada la anécdota (por llamarla de alguna manera) que relató el profesor Roger Slee (un referente internacional en este campo) en el transcurso de su participación en el Congreso Barcelona Inclusiva'17. Nos contó que acababa de estar en Grecia, en una conferencia sobre educación inclusiva, parecida a la de Barcelona, a la cual asistían también muchos docentes, orientadores y otros profesionales de la educación. La conferencia estaba siendo traducida simultáneamente. Tras su intervención, una madre (¡siempre madres!), se levantó para compartir con la audiencia un relato que bien podría ser el que nos acaba de contar Pilar. Los traductores hacían su trabajo y en un momento determinado él apreció que, repentinamente, cambiaba la voz del que hasta ese momento le estaba traduciendo. Cuando Roger levantó la mirada hacia la cabina de traducción, pudo ver que uno de los traductores estaba llorando al empatizar con el relato de la madre que intervenía y que, por esa razón, el segundo había retomado la tarea de traducir. Pero lo que al profesor Slee más le impactó fue que nadie más en la sala llorara; una sala repleta de aquellos que debían sentir como suya la frustración, la rabia y el desencanto de esa madre y ese hijo, y a quienes en parte se les supone garantes de su derecho a una educación inclusiva y…, sin embargo, todo apuntaba a que tenían ya una coraza emocional o una *desconexión moral* que los protegía contra la evidencia palpable de una situación de discriminación y exclusión inaceptable. ¡Por cierto!, tampoco vi demasiado llanto en la audiencia de Barcelona. Un tiempo después, invitado por un grupo de orientadores para hablar de inclusión, no pude por menos que titular mi ponencia así: «¿Por qué los orientadores y las orientadoras no lloran ante los procesos de exclusión?», una pregunta que traslado a los lectores de este texto para que la adecuen a su realidad. Alguien tal vez se pregunte si, en efecto, deberían llorar, empatizar con estas situaciones o, por el contrario, habrían de ser más objetivos, distantes, fríos y profesionales. Personalmente, comparto los análisis del profesor Xabier Etxeberria[58] cuando señalaba, en un esclarecedor artículo, que «las emociones que sentimos son las que desvelan lo que de verdad el otro es para mí; más allá de lo que digo que es». Una llamada de atención que merece una profunda reflexión privada y, ojalá, un debate público serio sobre la «vergüenza moral» de las dinámicas excluyentes en las que, de forma consciente o inconsciente, muchas veces participamos todos.

Como también nos hace ver el profesor Etxeberria en el texto citado, en el excluir hay modos y grados: ignorar a alguien, prescindir de alguien, rechazar activamente a alguien, que sería la acción más frontal. Y que la exclusión puede responder a iniciativas explícitas de personas individuales o de responsables institucionales (por ejemplo, los directivos de centros escolares o los responsables de las unidades técnicas de la Administración educativa); o estar insertas en la cultura y en las estructuras sociales dominantes, que la naturalizan o *esencializan*: esto es, pensar que estaría en la naturaleza o *esencia* de la discapacidad (y, en particular, de la discapacidad intelectual) que estos estudiantes tengan que estar segregados en escuelas especiales. La exclusión es moralmente indebida, nos dice Etxeberria, «es un daño injusto en todas sus variables, cuando se excluye a alguien que no debe ser excluido y por lo que no debe ser excluido; esto es, cuando la exclusión hiere, por acción u omisión, la dignidad universal de alguien».

Y, si retomamos ahora el marco de referencia que compartí en el segundo capítulo, conviene recordar que la exclusión que hiere tiene, en primer lugar, la cara de todos los niños y niñas que, a día de hoy, son segregados en centros o aulas de educación especial; en España entre un 17 % y un 20 % del

---

58. Etxeberria, X. (2018). Ética de la inclusión y personas con discapacidad intelectual. *Revista Española de Discapacidad*, 6(I), 281-290. https://www.cedid.es/redis/index.php/redis/article/view/433.

alumnado considerado con necesidades educativas especiales, como promedio nacional, lo cual equivale a unos 36.000, si nos atenemos a las estadísticas oficiales del Ministerio de Educación.[59] Pero esa exclusión que hiere tiene también la cara de muchos niños y niñas considerados con necesidades educativas especiales que están formalmente *integrados* en centros ordinarios de Educación Infantil, Primaria o Secundaria, aunque no participan plenamente de la vida escolar allí donde están: lo que están es, más bien, apartados, marginados, carentes de amistades o relaciones sociales significativas. Una realidad que se prolonga dolorosamente más allá de las puertas y el horario escolar y que, en todo caso, cuesta de cuantificar numéricamente, pero que con la información que yo manejo me hace decir que no es un asunto marginal o de poca monta.

Este hecho no solo afecta, ni mucho menos, al alumnado que consideramos con necesidades educativas especiales (si bien esta es una población escolar singularmente vulnerable a estos procesos de exclusión), sino que también lo hace a otros muchos niños y niñas eufemísticamente llamados *normales*, por circunstancias tan peregrinas como ser muy listos o saber mucho sobre algo que les apasiona, o por estar en una situación de tránsito respecto a su identidad de género (transexualidad), tener sobrepeso o una enfermedad poco frecuente, llevar gafas o coletas, ser de otro país o hablar raro… Niños y niñas que se encuentran en una *zona de gran vulnerabilidad*, en palabras del profesor Robert Castell, donde confluyen muchos factores que, no obstante, al final convergen en que ellos y ellas sean objeto de burla, rechazo insulto o agresión, más o menos ocasionalmente, por parte de algunos de sus iguales, cuando no de puro maltrato por abuso de poder (*bullying*), cuando ocurren de forma reiterada y sostenida en el tiempo. Acciones todas ellas que se traducen, asimismo, en un destructivo sentimiento de mar-

59. Sandoval. M., Álvarez-Rementeria, M. y Darretxe, L. (2022). La evolución de la escolarización del alumnado en Educación Especial en España 25 años de la Declaración de Salamanca. *Aula Abierta*, 51(4), 385-394.

ginación en quienes las viven, con efectos muy negativos (educativos y sociales) a corto, medio y largo plazo, sobre la autoestima y el sentimiento de bienestar personal.

Si seguimos los análisis realizados por varias compañeras y compañeros de mi universidad sobre el informe del trabajo encargado por el Defensor del Pueblo en el año 2000, relativo a estas situaciones de maltrato, con una muestra representativa de 3000 estudiantes de la etapa de Educación Secundaria Obligatoria (ESO), se constata que el alumnado manifestó que las formas de abuso más frecuentemente sufridas eran las agresiones verbales (ser insultado, que hablen mal a sus espaldas o recibir motes ofensivos: 35-39 %) y la exclusión social (ser ignorado o no permitirle participar: 11-15 %), seguidas, en este orden, por las agresiones físicas indirectas (robar, romper o esconder cosas: 4-22 %), amenazas para intimidar (10 %) y agresiones físicas directas como que pegar (5 %). Las manifestaciones consideradas más graves (acoso sexual, amenazas con armas y obligar a hacer cosas bajo amenazas) se producían con una frecuencia menor del 5 %. ¿Cuántos estudiantes cursan la ESO en España? 2.091.043 entre la enseñanza pública, concertada y privada, según el último informe del Consejo Escolar del Estado publicado en 2023,[60] pero correspondiente al último curso escolar con estadísticas oficiales (el 2021-2022). Si proyectamos los datos del informe del Defensor del Pueblo, tomando el porcentaje más bajo de la horquilla, y nos fijamos en la segunda de las formas de exclusión referidas, estaríamos hablando de 230.000 estudiantes de la ESO en toda España que son ignorados por sus compañeros o a los cuales no se les permite participar en actividades o espacios en los que estos se involucran. Una de las múltiples cifras de *heridos por la exclusión* que no puede seguir dejando tan indiferentes a tantos.

---

60. https://www.educacionyfp.gob.es/mc/cee/publicaciones/informes-del-sistema-educativo/informe-2023.html

Pero, para cerrar los análisis sobre exclusión educativa, recordemos que esta también se definía por las situaciones de no aprendizaje y rendimiento, es decir, por el mal llamado, entre nosotros, *fracaso escolar* (estudiantes que no se titulan al finalizar el cuarto curso de la ESO); *mal llamado* porque, en realidad, es un fracaso del conjunto de agentes implicados en la educación básica y obligatoria. Pues bien, a tenor de las cifras que publica el citado último informe del Consejo Escolar del Estado (p. 476), en él se muestra que en el conjunto del territorio nacional (con notables diferencias entre comunidades autónomas), solo se titulan el 88,5 % de los estudiantes lo que supone, como media, un 11,5 % de estudiantes que no se titulan. Esto es, la desgarradora cifra de más de 240.000 estudiantes en total que se incorporan a la vida adulta y laboral, de entrada,[61] sin las competencias básicas que el sistema educativo debería haber garantizado a todos sus futuros ciudadanos. En ese grupo, por cierto, está lamentablemente sobrerrepresentado el alumnado gitano,[62] dado que solo cuatro de cada diez alumnos o alumnas gitanos terminan la ESO. Si prolongamos estos análisis al llamado *abandono educativo temprano* (AET),[63] la proyección del 14 % de la población joven que no sigue estudiando tras su escolarización obligatoria nos habla también de un número difícil de soportar de chicos y chicas que encaran su futuro sin ganas de seguir formándose, cuando les tocará vivir de pleno en la denominada *sociedad del conocimiento*.

61. Digo «de entrada» porque también es cierto que para algunos de ellos y ellas se abre la puerta de la llamada *Formación Profesional Básica* (precisamente para estudiantes sin titulación), que puede ofrecerles una *segunda oportunidad* de lograr la titulación y, cuando menos, de mejorar dichas competencias básicas,

62. https://www.gitanos.org/estudios/la_situacion_educativa_del_alumnado_gitano_en_espana.html.es

63. La *Encuesta de Población Activa en España* publicada en enero de 2023 revela que el abandono educativo temprano en 2022 se mantuvo estable, con un 13,9 % de personas de 18 a 24 años que no había completado la segunda etapa de Educación Secundaria (FP de Grado Medio, Básica o Bachillerato) y no seguía ningún tipo de formación.

A través de todos estos análisis quiero volver a resaltar que los procesos de exclusión e inclusión no tienen solo que ver con el alumnado considerado con necesidades educativas especiales, sino también con una enorme cantidad de estudiantes en riesgo de segregación, marginación o fracaso/abandono escolar. Estas dimensiones, lejos de ser independientes entre sí, *interseccionan*, de formas variadas y complejas, de manera que, en algunos casos, podría decirse que esa exclusión hiriente lo es «solamente» en términos de unas precarias competencias para desenvolverse en este complicado mundo social y laboral en el que vivimos. Con todo, seguramente, muchos de estos jóvenes no tienen ni tendrán problemas serios de autoestimas ni de relaciones. Su gran reto será encontrar un empleo digno desde el que poder construir un proyecto de vida igualmente digno. En otros, la herida vendrá y sangrará, no por la falta de competencias y títulos académicos, sino por una débil autoestima y, con toda probabilidad, por una igualmente débil red de relaciones y apoyos sociales. Su vida puede que no sea mejor que la de los primeros, aunque no lo parezca a mi primera vista. Finalmente, habrá quienes estén en la peor de las encrucijadas de todos estos procesos excluyentes: segregados, sin amistades ni red de apoyo y sin competencias adecuadas ante las demandas para la inserción social y laboral en su entorno.

Apoyándome de nuevo en los análisis del profesor Etxeberria, lo que siempre está presente en todas las dinámicas de exclusión es el acto de señalar a quienes son víctimas de procesos y realidades sociales excluyentes como culpables de su situación («los estudiantes que fracasan en la escuela es porque no se esfuerzan ni estudian»). Este señalamiento, que se refuerza con etiquetas de todo tipo y condición (alumnado con necesidades educativas especiales, ACNEE; TDAH; con necesidades de compensación educativa, ACNDCE; de escolarización tardía...), contribuye sobremanera a la estigmatización de quien lo recibe, a crear una marca que conlleva el desarrollo de estereotipos («los alumnos con discapacidad intelectual no pueden aprender mucho») y, según los casos, con un abierto desprecio o, incluso, odio. Lo que siempre se presenta en las dinámicas excluyentes es la discriminación: el trato desigual que hace sentirse inferior al grupo mal reconocido. El fruto de la discriminación, dice Etxeberria, es la marginación, la acción que sitúa en «espacios especiales» a quienes se les ha reconocido su condición de alumnos igualmente especiales, raros, distintos. El corolario de la marginación es la *invisibilización*, la cual, en todo caso, no funciona de la misma manera en todos los colectivos excluidos (por ejemplo, el alumnado inmigrante es más visible en los centros ordinarios que el alumnado con discapacidades intelectuales o del desarrollo). La invisibilización juega a favor de mantener intactas las causas que originan la exclusión y, por eso mismo, de reforzarla, en un círculo vicioso entre marginación e invisibilización.

Denunciemos la exclusión con fuerza sabiendo, además, que la inclusión es posible. Es así como quiero cerrar este libro. Compartiendo los *ingredientes* principales que se necesitarán para construir un proyecto educativo y unas prácticas inclusivas. Disponer de los ingredientes para preparar una buena comida no es garantía de que en la mesa lucirá espléndida y en el paladar, sabrosa. Nadie nos quitará tener que manchar platos y cazuelas, de invertir tiempo y esfuerzo, ni nadie nos librará de que algo pueda salir mal en algún momento. Pero el único camino que no se recorre es el que no tiene un primer paso.

Capítulo 7

¡Cuéntame cómo es Ítaca!

Profesorado y aulas inclusivas

A la hora de escribir esta segunda parte del libro, he pensado varias veces cuál debería ser el orden de estos dos últimos capítulos. Tal vez, y al hilo de los análisis realizados, este debería haber ido antes, a fin de terminar el libro con el anterior, esto es, con los pies en la tierra, denunciando la exclusión existente, aunque ello supusiera acabar con el sabor amargo de la frustración que comporta la cruda realidad en la que se desenvuelve muchas veces este viaje y que, por momentos, en vez de avanzar, parece que estemos retrocediendo seriamente o dando vueltas sobre nosotros mismos sin progresar. Sin embargo, como diría mi querida madre, eso habría sido «superior a mis fuerzas»; en este caso, a la fuerza que tiene en mí ese «optimismo de la voluntad» del que hablara Gramsci. Por ello, he optado por cerrar este texto con un alegato a la *posibilidad de lo posible*, de la que hablara el cantautor y poeta Pablo Guerrero. Esto es, compartiendo con el lector la evidencia de que hay equipos docentes que están llevando a la acción las políticas y prácticas que dan sentido a este viaje y países y sistemas educativos donde ello se facilita. De estas y de las competencias profesionales que hay tras ellas va este último capítulo.

Durante los casi cuarenta años que llevo embarcado en esta travesía, he tenido el privilegio de conocer y analizar el trabajo de muchos equipos docentes comprometidos (ciertamente, en distinto grado), con el desarrollo de una educación más inclusiva. He hablado con educadoras de la Educación Infantil, con maestros y maestras de Primaria, con profesorado de Educación Secundaria y de otras etapas educativas tanto en España como en otros países, desde el enriquecido norte hasta el empobrecido sur. He observado el trabajo en sus aulas y la forma de relacionarse con su alumnado, sus compañeros y las familias en particular, y he tratado de comprender los principios y razones que guiaban sus prácticas. También he podido dialogar con equipos directivos y con padres y madres, muchas veces preocupados por la situación de alguno de sus hijos o hijas, como también nos ha ocurrido a mí y a mi mujer. Pero también con otros padres satisfechos con la educación que su *prole* recibía. Y, junto con todo esto, he escuchado, leído y analizado bastantes textos sobre lo que a este respecto han escrito y dicho muchos colegas en manuales, artículos y ponencias en congresos y seminarios. No me las estoy dando de «enterado», ni mucho menos pretendo presumir o alardear de mi posición y mi conocimiento. Lo que deseo transmitir es que puedo gritar que ¡Ítaca existe! porque, en cierta medida, la he visto. No es la invención de unos académicos ensoñadores en una hermosa noche salmantina de verano. Es una realidad conocida y cotidiana para muchos educadores y educadoras, de todo el mundo, si bien es cierto que mediatizada por los recursos económicos y las oportunidades que ofrece cada contexto nacional y local. También es verdad que no siempre todas las características, que ahora describiré sucintamente, están presentes y bien articuladas en todos los casos, ni siempre resultan consistentes en todos los docentes individuales o a lo largo de las distintas etapas educativas. Es bien cierto que, muchas veces, las he visto a destellos, a modo de ráfagas, como estrellas fugaces en la noche de las perseidas. En otras ocasiones, de forma brillante durante un tiempo, aunque luego han palidecido. En otros casos, también he visto cómo se mantienen de forma sostenida y resiliente ante los envites de la inercia y el conservadurismo hegemónico. Pero, repito, están ahí, muchos las hemos conocido y son posibles y, por ello, realizables; a la espera, eso sí, de que junto con este saber disponible se concite la voluntad y la determinación para ponerse en movimiento y empezar a cambiar lo que toca cambiar.

¿Qué es lo que se ve, se oye y se piensa en aulas organizadas por un profesorado dispuesto a que sus prácticas promuevan una articulación justa de las oportunidades de compartir, participar y aprender de todo su alumnado? De forma sintética, diría que nos encontraríamos con lo *opuesto a la uniformidad* que viene siendo tan habitual en tantas aulas: el esquema de talla u oferta única para todos y todas, esto es, misma organización de aula, misma actividad, mismo material, mismo tiempo, misma secuencia, misma forma de presentar los contenidos y de comunicar lo aprendido, misma forma de evaluar, misma forma de apoyar o misma forma de intentar motivar a... ¡la diversidad del alumnado de las aulas! ¡Realmente resulta sorprendente que todavía muchos sigan pensando y actuando de esta forma y luego digan que les preocupa la inclusión!

Lo habitual de un aula inclusiva es la *variedad de opciones* sobre qué y cómo aprender, de materiales y de medios para aprender, incluidas las ubicuas TIC, allí donde se tiene acceso a ellas, así como de formas de expresión y de oportunidades para comunicar lo aprendido. Lo común de un aula inclusiva es la *diversidad de formas de organización del espacio* dentro del aula (talleres, estaciones, rincones) y fuera de ella (dando un sentido educativo destinado al aprendizaje a pasillos, patios, comedor o biblioteca), acompañada de una diversidad de tiempos y ritmos de aprendizaje, tan *personalizados* como sea posible en función de las necesidades de cada estudiante.

Lo normal de un aula inclusiva es la *riqueza de estímulos* y de espacios coordinados de aprendizaje, dentro y fuera del centro (como ocurre con las iniciativas vinculadas, por ejemplo, con el aprendizaje-servicio), así como la disponibilidad para reconocer los llamados «fondos de conocimiento y de identidad» del alumnado y sus familias, con la finalidad de poder establecer fuertes alianzas con ellas. Lo frecuente de un aula inclusiva es la *abundancia de oportunidades* de que dispone el alumnado para interactuar y cooperar con sus iguales, para pensar juntos, dialogar, sentir, emocionarse, disfrutar y apoyarse mutuamente, ya sea en parejas, en pequeños grupos cooperativos o con todas y todos sus compañeros en actividades grupales.

Lo propio de un aula inclusiva son las *múltiples formas de contextualizar lo que se está aprendiendo* a través de experiencias reales y prácticas, investigando y experimentando, resolviendo problemas (aprendizaje basado en problemas), o llevando a cabo *proyectos* de distinta naturaleza, integrando y aplicando a problemas reales las capacidades aprendidas (conocer, hacer, ser y convivir), y con oportunidades, por tanto, para desarrollar *todas las inteligencias* según las edades de cada curso y etapa.

Como resultado de lo que acontece y se promueve en las *aulas inclusivas*, nos encontramos con *alumnos y alumnas inquietos e interesados* por cuanto ocurre a su alrededor, dentro y fuera de las puertas de su aula y de su centro. Allí ejercitan y ponen de manifiesto, dependiendo de su edad, su agencia, su autonomía y su responsabilidad sobre sus propios aprendizajes y progresos. Para ello, gozan, como he señalado, de oportunidades reales de elegir y tomar decisiones informadas (con el acompañamiento de sus docentes), sobre lo que quieren aprender (hasta dónde y cómo, cuándo y con quién), lo cual permite que sus profesores les brinden esa *personalización* de la acción educativa de la que tanto nos habla últimamente el profesor César Coll, y que muchos están sabiendo llevar a la práctica.[64] *Alumnos y alumnas que se hacen dialogantes* practicando el diálogo y la reflexión y se hacen justos aplicando los principios y reglas de la justicia restaurativa, aprendiendo a establecer y revisar las

---

64. AA. VV. (2018). Personalización del aprendizaje. *Dosier Graó*, 3. Graó.

normas que ordenarán su convivencia, dentro y fuera del aula.[65] *Estudiantes que aprenden a ayudar ayudando* a otros compañeros que lo necesitan, pero sin sentirse superiores a quienes ayudan, así como a cuidar y a ser cuidados como resultado de un clima de aula donde suele haber un *gran nosotros* que prevalece sobre los intereses individuales.

Todo ello ocurre, obviamente, no de forma espontánea o natural, porque se trate de «buenos alumnos» (en evidente contraste con los «malos alumnos» de los que nos hablaba cariñosamente Marchesi, o con los «zoquetes» de Daniel Pennac). Ocurre porque su profesorado ha puesto los medios, ha creado las oportunidades y ha pensado, sentido y actuado bajos dos premisas importantes que guían su acción: por un lado, son *profesores y profesoras* que continuamente tratan de conectar imaginativa y *empáticamente* con sus estudiantes; que intentan ver y experimentar los acontecimientos del aula como si lo hicieran a través de los ojos de sus alumnos, tanto como de los propios, y que procuran igualmente comprender el *estado mental* que puede subyacer a sus acciones y elecciones, así como a sus emociones, atribuciones y expectativas.

Por otro lado, están *permanentemente conectando sus percepciones con las condiciones del aula y con su enseñanza*, para pensar qué aspectos cabría transformar en orden a mejorar el rendimiento de todos sus estudiantes. En este sentido, son conscientes de que todo lo que hagan (actividades, formas de interacción, forma de enseñar, etc.) puede ejercer una influencia transformadora en ellos. A tal fin, invierten tiempo y paciencia en *escuchar las voces* de su alumnado y empatizan con sus emociones, con vistas a crear y sostener la *confianza* que necesita para que se involucre en lo mucho que les puede ofrecer. Son docentes que buscan promover el interés de sus alumnos y alumnas por

---

65. De Vicente Abad, J. (2021) *Convivencia restaurativa. Aprender a convivir y a construir entornos de aprendizaje seguros.* SM

lo mucho que se puede aprender. Por encima de todo, son maestros y profesores, maestras y profesoras, que cuidan la autoestima, los afectos y el sentimiento de competencia de todo su alumnado, para lo cual *ponen mucha atención en conocer qué tipo de atribuciones realizan sus estudiantes con respecto a sus éxitos y a sus fracasos* y cuidan mucho el hecho de tener altas expectativas hacia todos ellos, al tiempo que los animan a ser ambiciosos con sus propias metas de aprendizaje, proporcionando oportunidades de reconocimiento y valoración de sus identidades y de sus herencias culturales y familiares, y actuando como facilitadores del conocimiento, sin perder de vista que es el alumnado quien debe tomar la responsabilidad de su propio aprendizaje. Son docentes que generan espacios y oportunidades para que sus alumnos puedan aprender unos de otros: fundamentan su agrupación en múltiples criterios, según la ocasión (necesidades, intereses, amistades, promover la confianza o aprovechar fortalezas percibidas), y son tolerantes y comprensivos con un nivel razonable de ruido, bullicio y movimiento en su aula, porque este es un espacio vivo y real, no un santuario que requiera del silencio y el recogimiento individual ante la sabiduría que emana de una única fuente. Finalmente, son docentes que no solo están dispuestos a que en su aula entren y salgan otros adultos (compañeros, apoyos, familiares, voluntarios…), con los que colaborar e implicarse seriamente en la implementación de todas estas prácticas y valores, sino que hacen de esta actitud hacia el trabajo colaborativo el ADN de su enseñanza. Cabe señalar, por último, que no acostumbran a ser profesores o profesoras que trabajan encerrados en sus aulas, sino que forman equipo y crean *comunidades de práctica* y, en última instancia, una comunidad educativa que, precisamente, crea las condiciones culturales y las políticas necesarias para que su profesorado pueda desarrollar, progresivamente, todas estas prácticas que encarnan no ya el sueño de una educación más inclusiva, sino su realidad.

Alguien podrá pensar, con cierta razón, que he retratado o creado una especie de «Frankesteacher», esto es, un profesorado hecho a retazos de lo mejor de otros, pero que no existe, que es una fantasía como la del personaje de Mary Shelley. También se podría hablar del hermoso «Frankespupil» que he descrito en este esbozo de lo que sería un aula inclusiva. La pregunta no es, a mi modo de ver, si se trata de una fantasía. Lo importante es preguntarnos con honestidad si podrían existir. ¿Existe la posibilidad de formar a nuestros futuros docentes para que tengan estas competencias y actitudes al terminar sus estudios de grado o posgrado? ¿Podríamos empezar a tejer, a modo de *patchwork,* con retales de aquí y de allá, este modelo de docente y discente en nuestro centro? Si algunos centros y equipos educativos se han aproximado mucho a ello, ¿por qué no podría hacerlo yo también? No me corresponde a mí responder a estas cuestiones, pero sí animar a que mis lectores se las formulen y tiren del hilo, pues quién sabe si alguno de ellos consigue ver, con mayor rotundidad y extensión, uno de estos días, lo que ahora unos cuantos solo estamos *soñando despiertos.*

Parque Ítaca

Ítaca está muy lejos.
¿Quién no encuentra en tantos días de viaje
cíclopes buscando el otro ojo en los despachos,
lestrigones reales de decretos
o a Poseidón airado en todos los accesos?

Cuánto miedo de tormentas y monstruos,
qué altura de pensar y de emoción:
¡de aquí no nos movemos!, ¡de allá nos retiramos!
En la botella de todos los mares: mapa, tesoro y calavera.
Cuánto miedo en alto, cuántas tormentas.

En ruta ya, con Ítaca a lo lejos,
vamos recogiendo hermosas mercancías:
en Fenicia aprendemos de los sabios la etiqueta
del arte, de la seda, de la piedra:
«cada niño es… como es cada niño,
cada niña es… como cada niña es».
Lo dicen los expertos pedagogos de Egipto,
las jornadas sobre autismo en Damasco,
y algunos libros gruesos perdidos en desiertos.
Lo dicen, en la ruta, los piratas,
las madres cuerdas, los padres, los niños.

Cuando Ítaca se impone más lejos
celebramos asombros y millas en el barco.
Increíble, importante: tenemos que contar
que existen cocineros que en las naves
permiten que los niños se dejen en el plato
la lechuga, que repitan los postres
y escondan la tortilla en el bolsillo.

Ni de viejos llegaremos a Ítaca,
pero mientras navegamos, Juan aprende a remar,
a botar la pelota,
a regar el huerto,
a pintar un monstruo,
a nadar con delfines,
y a nombrar los océanos.

De cerca y lejos rozamos la isla.
(Dicen que esta semana un par de cíclopes
despachan con monóculos
y que hasta uno de los lestrigones
pretende a Poseidón, los peces dicen).

Lejos de Ítaca, niño con olor a mar:
Juan viene contento del cole
y lleva en la mochila caracolas
y un postre por si acaso.
Merienda en parque Ítaca.

GEMMA SERRANO RODRÍGUEZ

Epílogo

Esta segunda edición que Octaedro me ha facilitado realizar de mi libro, y que agradezco sinceramente (toda vez que *escribir es reescribir*), no supone una versión muy distinta en la *forma* respecto a la primera, pero sí que incorpora un matiz importante respecto al *fondo,* que es el que he anticipado al incluir el subtítulo entre interrogantes. En efecto, respecto a la *forma*, lo que he hecho ha sido, por un lado, y en primerísimo lugar, revisar erratas y errores gramaticales, así como tratar de reducir algunos largos párrafos, con bastantes oraciones subordinadas, cuya lectura requiere un buen grado de apnea. Es probable que, a pesar de mis buenas intenciones, persistan algunas erratas, porque, como bien sabemos, uno, cuando lee no descodifica todo lo escrito, sino que anticipa lo que cree que está escrito y, por ello, pasa por alto una y otra vez algunas erratas. Ruego disculpas por las que han eludido mi escrutinio.

Por otro lado, he actualizado las referencias temporales, pues lo que, por ejemplo, en 2019 (primera edición) eran veinticinco años transcurridos desde la Declaración de Salamanca (Unesco, 1994) (cuyo contenido es muy nuclear en este texto, como habrán apreciado los nuevos lectores), en el momento previsto de la publicación de esta segunda edición serán ya treinta. También he mantenido la opción por una *narración que quiere ser cálida*, para *interpelar tanto a la razón como al corazón*, y he mantenido pocas referencias en el propio texto. He incorporado, no obstante, algunas más en notas a pie de página, porque en estos años, y a tenor del ritmo con el que se generan nuevos saberes relevantes para esta temática, sería anómalo no reconocer algunas de utilidad para el lector.

Respecto al *fondo*, sin embargo, sí que hay algunas cuestiones que me gustaría comentar, no sin reconocer en ellas, de entrada, una sensación incómoda de contradicción. La primera es mi convencimiento de que la inmensa mayoría de los análisis que se hacen en el libro sobre el significado, la naturaleza y algunas de las principales tareas asociadas al desarrollo de una educación más inclusiva siguen siendo válidos, pertinentes y, quiero pensar, útiles también. Útiles para construir un *marco de referencia* sólido con el cual encarar la comprensión y muchas de las acciones necesarias para su progreso, que es lo que muchas personas ansiamos ver. Dicho así, es posible que alguien lo interprete como petulancia, soberbia o pereza intelectual por mi parte. Pudiera ser, pero, en todo caso, ahí están los argumentos que he desplegado para poderlos debatir, repensar y, por supuesto, refutar en el marco de una confrontación constructiva y honesta con quien quiera. Si de ello nacen posiciones diferentes o más sólidas y amplias, sin duda, entonces, también habrá servido de algo mi trabajo.

Pero, mientras escribo este epílogo, la guerra en Ucrania y, sobre todo, las represalias totalmente desproporcionadas de Israel contra los palestinos que viven en Gaza como consecuencia de los imperdonables ataques terroristas de Hamás sobre población israelí y las víctimas que estos han originado dejan, de momento, la escalofriante cifra de, al menos, 10.000 niños y niñas asesinados desde el 7 de octubre. Esto equivale a un niño palestino asesinado cada 15 minutos, o, aproximadamente, uno de cada 100 niños en la Franja de Gaza; además de un reguero insoportable de fallecidos y de destrucción de su territorio. Con todo ello también se muestra en toda su crudeza *la debilidad del derecho*, en este caso, entre otros, del *derecho humanitario*, que una y otra vez es pisoteado ante la indolente mirada de la comunidad internacional. Como señala el periódico *Público* (26/01/2024), «ni siquiera la Corte Internacional de Justicia (CIJ) de la ONU se ha atrevido a exigir a Israel un alto el fuego definitivo y solo le ha conminado a "adoptar medidas" para evitar un genocidio».

Comento estos hechos, que pueden parecerles a algunos poco conectados con el contenido del libro, al hilo de que, precisamente, ¿se tenían? puestas muchas esperanzas en la *palanca del derecho*, para movilizar los cambios necesarios en los sistemas educativos vigentes con la meta puesta en acercarnos al *sueño de una educación más inclusiva,* toda vez que esta había arropado su naturaleza moral con la coraza de la ley. Tal vez para algunos la comparación pueda resultar chocante y estentórea, pero, como dijo Martin Luther King, «la injusticia en cualquier parte es una amenaza para la justicia en todas partes». La injusticia del constante incumplimiento del derecho a una educación inclusiva está ahí y, sobre todo, duele mucho porque #Ynopasanada.

Por supuesto que no se trata de renunciar a lo conseguido, pero sí de poner en duda que las vías para hacerlo plenamente efectivo (pues, de lo contrario, no hay derecho), no parecen estar claras. A este respecto, creo que no se trata, obviamente, de cuestionar el valor intrínseco del derecho a la educación inclusiva como palanca para el cambio, sino la *debilidad de la presión* que aplican sobre ella los actores, movimientos y organizaciones a favor de la infancia más vulnerable. Seguramente, también influye la creciente insensibilidad social ante tantas injusticias de todo tipo, muchas de las cuales están vinculadas a un preocupante aumento de las actitudes discriminatorias hacia algunos colectivos en mayor riesgo (véase, por ejemplo, contra el movimiento LGTBIQ+).

Durante este tiempo, y en lo tocante a España, también hemos visto aprobarse una nueva ley de educación, en este caso la llamada LOMLOE. Nació herida con *el rayo que no cesa de las premuras y la cortedad de miras,* por lo que, a pesar de algunos avances meritorios, sigue definiendo un modelo educativo que estaría muy bien… si viviéramos en 1992, cuando se implementó la LOGSE, de la cual aquella es prima hermana. Pero es que el mundo ha cambiado muy deprisa y más que lo hará, y, se mire como se mire, esta ley tiene más de pasado que de futuro. En todo caso, no ha traído el *cambio de raíz* que se precisa para que sea posible crear en los centros culturas, políticas y prácticas escolares con la capacidad de *no dejar a nadie atrás*, de ofrecer a todo el alumnado, *sin excepción*, oportunidades equiparables de estar juntos, sentirse parte y reconocido en un grupo de iguales y aprender y progresar sin la cortapisa de expectativas negativas u otras barreras estructurales.

Uno de esos cambios importantes (que se ha analizado en el libro), y que la nueva ley debería haber promovido, tiene que ver con la necesidad imperiosa de *repensar la formación inicial* (y permanente) del profesorado y otros profesionales o personal de apoyo que lo acompañan. Sin un profesorado con las competencias clave y bien articuladas en lo tocante a ser un *profesor o profesora inclusivo,* una y otra vez nos tropezaremos con la misma piedra y barrera frente al progreso de la educación inclusiva que ya se denunciara en Salamanca treinta años atrás. Todavía estamos esperando la varias veces anunciada *reforma de la carrera profesional docente* y me temo que en el actual contexto social y político tocará seguir esperando por mucho tiempo, y no sin el temor de que lo que se haga, ¡si se hace!, se olvide de nuevo de poner en el centro del principal desafío para los docentes, que no es otro que el de la equidad educativa.

Finalmente, y por no llenar con demasiado desencanto estos comentarios finales, diré que tampoco la *palanca de la ciencia* nos está sirviendo para movilizar y hacer posibles los cambios que se precisan. Lo más paradójico de nuestro mundo es esta relación contradictoria, paradójica, con el valor de uso y aplicación del saber científico; en unas ocasiones lo abrazamos con urgente devoción (por ejemplo, lo hicimos para crear las vacunas que nos sacaron de la pandemia de la covid-19 en muy poco tiempo), pero en otras lo despreciamos con supina indolencia. Los ejemplos son múltiples y el más acuciante de todos ellos es la objetiva desatención que se está haciendo de las llamadas de la comunidad investigadora internacional sobre el *cambio climático* ya instalado en nuestras vidas y sobre sus consecuencias para la sostenibilidad del planeta.

Comparada con la anterior situación, puede parecer, incluso frívolo, que digamos que la *ciencia educativa* (con todas sus fuentes en intersección: pedagógicas, psicológicas, sociológicas, antropológicas y epistemológicas) y su *tecnología didáctica* también están ahí disponibles para ayudarnos a fundamentar una transformación escolar que, entre otras caras, sea inclusiva. En el libro cité el reciente trabajo dirigido por Carmen Márquez y Sergio Sánchez (2023) (*Estudio sobre la transformación de las escuelas en espacios inclusivos y accesibles*), del cual he sido asesor junto con el profesor Miguel Ángel Verdugo, y que ha recogido muchos de los *saberes* derivados del trabajo investigador de más de veinticinco grupos de investigación españoles entre 2015 y 2020, en torno a la amplia temática de la educación inclusiva. Los saberes recopilados, sin ser suficientes, sin duda alguna ofrecen un corpus de conocimientos y recomendaciones pertinentes que ayudarían, ¡y mucho!, a esa transformación educativa inclusiva. Todos los investigadores e investigadoras de los grupos consultados denunciaron en una declaración[66] *ad hoc* el casi absoluto desprecio de las Administraciones públicas en materia de educación escolar, ya fueran estatales y autonómicas, para crear espacios y oportunidades que contribuyeran a transferir dichos saberes a la práctica. Poco después, otro grupo de investigadores e investigadoras en el ámbito educativo asociados en la red RETINDE[67] (Red Transdisciplinar

---

66. https://www.cedid.es/es/investigacion/declaracion-por-la-educacion-in-clusiva-y-accesible-en-espana/9/
67. https://www.retinde.es

de Investigación Educativa) hicieron una denuncia similar, no tanto ya sobre el foco específico de la investigación en educación inclusiva como sobre la investigación educativa en general, que, en todo caso, también debería ser inclusiva y para la inclusión.

En este contexto no creo a nadie le extrañe que las evidencias vinculadas a las tres dimensiones con las que trenzamos el sueño de *una educación más inclusiva* (presencia, participación y aprendizaje) sigan arrojando datos que nos hablan de una realidad cuando menos estancada. Lo digo porque persisten *altos niveles de segregación escolar,* sea en centros especiales (para el alumnado con más complejas y extensas necesidades de apoyo educativo) u ordinarios (a cuenta de una significativa concentración de alumnado vulnerable en sus aulas; piénsese en alumnado gitano o migrante). También son preocupantes las estadísticas y los relatos sobre la *persistencia de maltrato escolar,* la *marginación o* el *menosprecio* que padecen algunos estudiantes por parte de sus compañeros. Y, finalmente, si bien el nivel de *fracaso y abandono escolar temprano*, en términos generales (con notables diferencias entre comunidades autónomas), ha bajado algunos puntos porcentuales, sigue siendo de los más altos de Europa. Y lo que ocurre *más allá de las puertas de la escuela*, por ejemplo, en términos de niveles de pobreza infantil, sigue mostrando desde hace tiempo un panorama escandaloso, con una tasa cercana al 28 %, según un informe publicado por Unicef.[68]

Si nos fallan o son débiles algunas de las palancas más importantes para el cambio educativo hacia un horizonte de mayor inclusión (el derecho, las leyes, la investigación o las políticas favorecedoras de la innovación educativa para la inclusión), ¿qué nos queda? ¿Será que «el sueño de la razón produce monstruos» o que hemos querido ir demasiado lejos con esta ambición? ¿Cómo manejar la tensión entre *lo deseable y*

---

68. https://www.unicef.es/noticia/pobreza-infantil-espana-obtiene-la-peor-nota-en-la-union-europea

lo posible, a tenor de lo que estamos observando? ¿Estamos dispuestos a *aceptar como inevitables* y para siempre ciertos niveles de exclusión educativa? ¿Habremos de *recalibrar el sueño*, para no causar a algunas familias y a sus hijos más quebranto del soportable por el empeño en conseguirlo? El presidente chileno Gabriel Boric tiene como frase de cabecera (y yo la comparto) una reflexión de Albert Camus, quien dijo que «en política, la duda debe seguir a la convicción como una sombra», algo que aplica a todas las políticas y, por lo tanto, a la educativa también.

Muchas preguntas sin respuestas, de momento, que obligaban a que en el título de esta segunda edición de mi libro aparecieran, en forma de interrogante global en el subtítulo, las *dudas* que no puedo eludir. Por supuesto, siendo importantes las preguntas y las dudas, más lo son las actitudes y respuestas ante ellas, empezando por las suyas.

Pero cierro este epílogo con la reflexión de otro soñador empedernido como un servidor de ustedes: «Debemos aceptar la decepción finita, pero nunca perder la esperanza infinita» (Martin Luther King). Muchas gracias por haber llegado hasta aquí.

profenitora

¡Ay que non hay,
mas ay, que non era
quien de mi pena se duela!

hay   que merendar
hay   que descifrar la agenda
hay   que encontrarla primero y descifrar luego el signo
de la agenda

ay   que ubicar la silla
ay   que deshacerse el nudo del recreo
ay   que preguntar aunque sepas la respuesta
ay   que volver a preguntar por si no la sabes
la respuesta

hay   que seguir la programación
hay   que calibrarse al objetivo
hay   que patinar con hielo sobre el libro de texto
hay   que adivinar el nivel del libro
y el texto

hay que pronunciar mágicas las palabras
hay   que curar el resumen y el esquema
hay   que vertebrar la ficha
hay   que mantenerse en la columna y no salirse
de la ficha

ay   que congraciarse con la tabla
ay   que animar a completar el hueco
ay   que apoyar simprísimo el trabajo del docente
ay   que cerrar los ojos al vacío incomprensible
del docente

hay   que resistir la tarde
hay   que no llorar
hay   que no decir que la tristeza dura hasta las ocho a.m.
o sí decirla
la tristeza

ay   que ser paciente
hay   que soñar
ay   que tener confianza
en el sueño
que hay

***

y
ay   que ser puntual
ay   que combinar lo solo y lo conjunto
ay   que intuir la senda y el borde
ay   que a veces girarle el sentido
al borde de la senda

hay   que llevar al día la adaptación
hay   que rellenar el refuerzofichaboletín
hay   que aproximarse a la sigla
hay   que saberla en vertical y en volandas
la sigla

ay   que reunirse
ay   que engañarle al fracaso
ay   que seguir los puntos del protocolo

ay   que celebrarlo porque es nuevo
el protocolo

hay   que correr
hay   que recorrer todos los ojos
hay   que llamar a la madre
hay   que decirle a la madre que no has podido pero casi
hay   que explicarle que tenías
deberes con el hijo hasta las ocho a.m.

y pedirle perdón
a la madre

hay   que pedirle perdón
ay   que a lo mejor perdonarse

GEMMA SERRANO RODRÍGUEZ

Índice